BREVE HISTORIA DEL SIGLO DE ORO

VOL. 1

Historia, sociedad, cultura y arte en el siglo XVI

Breve historia del Siglo de Oro

Vol. 1

Historia, sociedad, cultura y arte en el siglo XVI

Juan Bravo Castillo

nowtilus

Colección: Breve Historia
www.brevehistoria.com

Título: *Breve historia del Siglo de Oro. Vol. 1*
Autor: © Juan Bravo Castillo

Copyright de la presente edición: © 2024 Ediciones Nowtilus, S. L.
Camino de los Vinateros 40, local 90, 28030 Madrid
www.nowtilus.com

Elaboración de textos: Santos Rodríguez

Diseño y realización de cubierta: ExGaudia, Asociación Cultural
Imagen de portada: *Una Fábula*, de El Greco (Museo del Prado). En torno a un tizón encendido se agrupan tres figuras: el muchacho que sujeta y sopla la llama, un hombre de sonrisa bobalicona y un mono encadenado que sopla también con expresión concentrada.
Maquetación de interiores: Nemo Edición y Comunicación, S. L.

ISBN edición impresa: 978-84-1305-482-7
Fecha de edición: octubre 2024

Impreso en España
Imprime: Quares Salesforce S.L.
Depósito legal: M-18402-2024

*A mis nietos, Natalia, Alicia y Javier,
que ojalá disfruten de un nuevo Siglo de Oro.*

Contenido

I

Definición del Siglo de Oro

1. ¿Qué entendemos por Siglo de Oro español?

Comúnmente utilizado, el concepto «Siglo de Oro español» recubre una noción reciente y que no siempre ha gozado del favor de los historiadores, que le reprochan, con razón, su carácter aproximado. Según los casos, sostiene la idea de una época augusta, de un período particularmente relevante de dominación política y militar de España y de una era de supremacía cultural y artística. Estas épocas no coinciden forzosamente. Cada una acusa límites temporales distintos y sobrepasa ampliamente el siglo.

Si consideramos los inicios de ese despertar, veremos que surgen con notable simultaneidad tanto los primeros síntomas del camino ascendente en conquistas, descubrimientos y gestas guerreras, como las primeras realizaciones del pensamiento contemplativo y la creación artística. En un solo instante de visión y acción abarca España las costas y los tesoros del Nuevo Mundo, la belleza ideal-sensible de la Antigüedad renaciente dentro de la poesía, del arte y de la ciencia. Las carabelas de Colón; los versos y las estrofas de Boscán, de Garcilaso, de Gil de Vicente; las artes de seducción de la *Celestina*, las aventuras y singulares hazañas de *Amadís*; todo ello penetra, como obedeciendo a un solo impulso, dentro de la realidad histórica.

Y es que, mientras en países como Italia y posteriormente Francia parecidas épocas áureas supondrán una casi total ruptura con la Edad Media, en España ambos elementos coexisten en una simbiosis más o menos completa; así, no dejan de presentarse el acento medieval, el acento nacional y el popular en nuestra literatura del Siglo de Oro, y junto a ello, la tradición religiosa junto al humanismo pagano de la época; popularismo y cultismo; realismo e idealismo, finalidad ética paralelamente a los consabidos afanes de logros estéticos.

Y si el concepto del así denominado Siglo de Oro español resulta controvertido, no menos lo es su cronología. Aunque, por lo general, se sitúa entre 1519 y 1648, podríamos asimismo retrotraer sus inicios a la llegada al poder de los Reyes Católicos (1474), o bien a la trascendental fecha de 1492, verdadero *annus mirabilis* en nuestra historia, año que arranca el 3 de enero con la toma de Granada y, por consiguiente, el final de la Reconquista, seguido el 12 de octubre por el descubrimiento de América, y también, *last but not least*, la publicación de la *Gramática del castellano* de Antonio Nebrija.

Nuestro Siglo de Oro se prolongaría hasta prácticamente la segunda parte del siglo xvii. El declive, empero, se iniciaba décadas antes, en 1588, con la derrota de la Armada Invencible, la flota más temida del mundo. A partir de ese momento, la decadencia militar y política de España su fue haciendo palpable, a excepción del breve reinado de Felipe III (1598-1621), para acelerarse de manera brusca durante el de su hijo Felipe IV (1621-1665) y su desventurado y quimérico valido, el conde-duque de Olivares. Tras la derrota de los Tercios de Flandes en Rocroi, España se veía obligada a reconocer *de facto* la independencia de Holanda, y muy poco después, la paz de Westfalia ponía fin al sueño imperial de Carlos V. Visto así el Siglo de Oro, para unos convendría alargarlo hasta 1665, momento de la muerte de Felipe IV; para otros incluso hasta la muerte de Calderón de la Barca (1681), último, cronológicamente, de los grandes escritores de la época; o incluso hasta el final del reinado de los Habsburgo en España (1700). Inevitablemente arbitrarias, tales pausas en ningún momento pueden hacernos olvidar la indiscutible continuidad del período, dado que pocas veces en la historia de un pueblo coincidieron hombres de la talla del Greco, Ribera, Velázquez, Zurbarán,

Murillo, Martínez Montañés, Cervantes, Góngora, Quevedo, Lope de Vega o Calderón de la Barca.

Sea como fuere, lo esencial es reseñar que España mantuvo su papel de protagonista en las bellas artes, la literatura y el arte durante prácticamente dos centurias de incólume grandiosidad, que pueden y deben considerarse como su época dorada, mientras que, por el contrario, solo durante un siglo pudo afirmar su hegemonía política. He aquí una relación rara y peculiarísima, un ritmo auténticamente español. ¿Cómo es posible explicar esta potente pervivencia de las energías artísticas más allá de los límites de la capacidad política?

Digamos, para concluir, que el Siglo de Oro pertenece tanto a España como a los pueblos del otro lado del Atlántico que hablan la lengua de Cervantes. Gran parte de la historia latinoamericana se forjó durante los siglos XVI y XVII, y su literatura —desde sor Juana Inés de la Cruz hasta Borges— no se entiende sin don Quijote, don Juan o Segismundo.

II

El contexto histórico

1. LA ESPAÑA DEL SIGLO XVI

En la segunda mitad del siglo XV no existía aún España como organización política unitaria. Si el marinero de Laredo o el pescador de coral de Bagur pensaban en volver a España después de una prolongada incursión en alta mar, el concepto entrañaba poco más que una connotación geográfica. En otro plano, el recuerdo humanístico de la Hispania romana era patrimonio restringido de una minoría exigua. La solidaridad emanada de una común cruzada contra el infiel había quedado olvidada años atrás, al cerrarse la arteria reconquistadora de Navarra y Aragón. Del mismo modo, si el cortesano aragonés presentía que las discordias castellanas podían afectar a su reino más que la guerra de las Dos Rosas, ello era producto tan solo de una vecindad evidente. Pero todavía más, en 1469 no se podía pronosticar aún cuál sería la configuración territorial del futuro Estado hispánico, pues la península ibérica se hallaba dividida políticamente en cinco reinos bien diferenciados, sin que existiera entre ellos ninguna alianza o pacto preliminar de cualquier posible unión.

El reino de Castilla, extendido sobre una superficie de 350 000 kilómetros cuadrados, más de la mitad del suelo ibérico, contaba con unos seis millones de habitantes, cifra que rebasaba los dos tercios de la población total de la Península. Sin más, la vastedad de su ámbito geográfico y su vigorosa demografía le otorgaban una situación preeminente en relación con sus vecinos. La Corona de Aragón, integrada por los cuatro Estados históricos de Aragón, Cataluña, Valencia y Mallorca, apenas contaba con unos 100 000 kilómetros cuadrados de extensión, con un millón de habitantes que le situaban en el último lugar según la densidad de población. Del mismo modo, el reino de Portugal había terminado la reconquista de su territorio —sus 90 000 km^2 actuales— con un millón de habitantes. Navarra, a caballo sobre los Pirineos, contaba con unos cien mil habitantes en los 12 000 kilómetros cuadrados de su vertiente peninsular. Desatendida mucho tiempo atrás de la Reconquista, estaba vuelta más a los problemas franceses que al cuidado de sus relaciones meridionales, mientras lo desmedrado de su demografía la privaba de consideración política. Por último, el reino moro de Granada, regido por la dinastía de los nazaríes y poblado por más de medio millón de habitantes, en su inmensa mayoría musulmanes, ocupaba todo el flanco sudeste de la Península. En total, pues, unos nueve millones de habitantes, repartidos en cinco compartimentos políticos, formaban la materia prima de la España en potencia. Sin embargo, antes de iniciarse el último cuarto de siglo, la alternativa entre una España como unión Castilla-Aragón o una España producto de Castilla-Portugal se dilucidaba en favor de la primera posibilidad.

Sin entrar a fondo en el tema, el proceso de dicha solución se había iniciado en 1469 con el matrimonio de Isabel, discutida heredera al trono de Castilla, y Fernando, hijo del rey de Aragón. Tras la muerte de Enrique IV y de Juan II (en 1474 y 1479), la unión castellano-aragonesa se convertía en el pivote central de la unidad peninsular. En 1492, el reino de Granada pasaba a la Corona de Castilla por derechos de conquista, y, en 1512, la invasión de Navarra por Fernando incorporaba dicho Estado a los destinos de la unión, quedando Portugal aislada.

2. LA UNIÓN DE CASTILLA Y ARAGÓN: LOS REYES CATÓLICOS

Isabel de Castilla y Fernando de Aragón accedían al trono respectivamente en 1474 y 1479. Su boda, en 1464, no se había realizado sin dificultades, a causa,

Con el yugo y las flechas en la parte superior, y sosteniendo los dos el cetro, este bello medallón de la puerta de la Universidad de Salamanca constituye una de las más perfectas muestras iconográficas de los Reyes Católicos, por otra parte tan abundantes en distintos lugares de España.

especialmente, de la frontal oposición de otros candidatos a la sucesión y de los temores suscitados por la coalición de estos dos reinos. Todo ello sin contar que los representantes de las ramas primogénita y menor de los Trastámara eran primos en segundo grado, y su matrimonio necesitaba de una dispensa papal. Tanto Isabel como Fernando accedían a sus respectivos tronos tras largas guerras civiles, guerras en las que desempeñó un papel primordial su mutuo apoyo. La alianza de los Trastámara era un objetivo perseguido desde 1412, fecha en que Fernando de Antequera lograba ponerse en cabeza de la federación aragonesa. Durante los últimos años de su reinado, Juan II de Aragón, padre de Fernando, tomaba constancia de la importancia crucial del apoyo castellano frente al desafío de las oligarquías catalanas y de las apetencias francesas. Había asimismo poderosos

Isabel I gobernó Castilla desde 1474, pero su personalidad y su matrimonio con Fernando de Aragón la convirtieron en una figura decisiva para la historia de España.

intereses económicos entre ambos reinos. Por su parte, Isabel, tras la muerte de su joven hermano, tuvo que entregarse a fondo para arrancar de la línea sucesoria a Juana la Beltraneja, hija y heredera de su desdichado hermanastro Enrique IV, sostenida por Portugal hasta la batalla de Toro.

Los Reyes Católicos son considerados desde hace décadas en España un verdadero mito fundador. Los libros de los escolares españoles de no hace muchos años cantaban a coro las alabanzas de Isabel y Fernando, que habían sido grandes «porque habían establecido la unidad del Estado, restaurado el derecho poniendo coto a las pretensiones de la nobleza arriscada, expulsado a los musulmanes del suelo patrio, conquistado el Nuevo Mundo, protegido las letras y las artes y llevado nuestra lengua y nuestra religión católica más allá de los mares». Dejando a un lado el aspecto paródico de la frase, esas palabras tantas veces repetidas reflejan lo esencial de los términos según los cuales se ha establecido la fijación histórica española en un período concreto y unos soberanos símbolos de la unidad, porque lo esencial aquí es eso: la unidad; y tanto más cuanto se puede poner en el activo de los Reyes Católicos no una, sino varias unidades. Dos al menos: la unidad territorial y la unidad religiosa. Curiosamente, sin embargo, la unidad política plena, esa misma que ha quedado en los anales como el mayor timbre de gloria de ambos soberanos, no se produjo; al menos, no antes del siglo XVIII. Ha habido, pues, un malentendido sobre el concepto de unidad,

Uno de los más famosos cuadros históricos románticos es el que representa la Rendición de Granada formalizado en la entrega de llaves de la ciudad por Boabdil a los Reyes Católicos. El lujo del cortejo después de ocho años de asedio es bastante poco verosímil, pero confiere a los Reyes Católicos el aire de vencedores que se espera. Obsérvese la Alhambra al fondo.

como no han dejado de subrayar muchos historiadores de nuestra época.

En 1469, Isabel de Castilla, contraviniendo los designios de su hermanastro, el rey Enrique IV, se casaba, como decíamos, furtivamente con Fernando, el futuro rey de Aragón, y cinco años más tarde, en 1472, accedía al trono de Castilla en medio de una gravísima crisis dinástica. Tras la muerte de Enrique en 1474, se producía, por segunda vez en la historia, la unión de las coronas castellana y aragonesa (la primera fue cuatro siglos antes, por medio del casamiento de Alfonso el Batallador con Urraca, hija de Alfonso VI de

Castilla), aunque en ningún caso se pudiera hablar de una unificación política propiamente dicha, ya que cada territorio conservaba sus respectivas instituciones fiscales, judiciales, monetarias, etc.

Después de someter, con guante de seda y puño de hierro, a la nobleza levantisca castellana, Isabel, secundada en todo momento por Fernando, tuvo el acierto de retomar la Reconquista, largos años paralizada, marcando así un objetivo claro y un proyecto preciso, encauzando unas energías desperdiciadas en vanas querellas intestinas. Fruto de aquellos esfuerzos fue, a principios de 1492, la toma de Granada, último territorio peninsular en manos de los musulmanes. Un año sin duda providencial para aquella reina afortunada, ya que, nada más concluir la guerra, dio luz verde al «loco» proyecto de aquel navegante genovés que, durante años, venía solicitando, de corte en corte, la subvención de su plan de alcanzar el Extremo Oriente por Occidente, en vista de la redondez de la Tierra. Isabel, mujer culta y atrevida, luego de múltiples titubeos, sufragó aquella expedición.

Otro acontecimiento importante ese mismo año, 1492, también promovido por la reina Isabel, fue la publicación de la *Gramática de la lengua castellana*, obra en la que venía trabajando desde años atrás el humanista Antonio de Nebrija. Era la primera en su género, y merced a la cual el castellano se consagraba como lengua de unidad de España, acercando de ese modo el expansionismo lingüístico al imperialismo político. Estos tres acontecimientos, ricos de significado,

Elio Antonio de Nebrija (1444-1522) fue autor de la primera
gramática de la lengua española. La ilustración muestra al
humanista con Juan de Zúñiga, Maestro de Alcántara, y
pertenece a un ejemplar de su Gramática editada en 1492.
Biblioteca Nacional. Madrid.

condensan perfectamente las grandes orientaciones de un reino considerado como fundador de la modernidad.

Ahora bien, también ese año 1492 marcará el principio de una intransigencia, larvada desde muchos años antes, la cual, olvidando aquel viejo espíritu multicultural que tan hermosos frutos diera en los primeros siglos de la Reconquista plasmado en Toledo, la capital de las tres culturas, con la modélica convivencia de judíos, moros y cristianos, aspiraba, promovida por la Iglesia, a la unificación religiosa, paralelamente a la política. No en vano, en 1494, el papa Alejandro VI les otorgaba el título por el que pasarán a la historia: los Reyes Católicos.

El reinado de los Reyes Católicos representa un momento de extraordinaria grandeza en la historia de España, y las generaciones siguientes conservarán durante mucho tiempo la nostalgia del equilibrio conseguido durante esa época. Sentaron las bases del Estado en la forma moderna que conocería España. El debilitamiento de la aristocracia, de las ciudades y de las Cortes deja las manos libres a los soberanos; las líneas maestras que se toman perdurarán más de un siglo: una burocracia de extracción modesta —letrados, caballeros, sacerdotes— se instala en el poder, en los Consejos y las Cortes de Justicia. Pese a que no fue tan desinteresada como durante siglos se creyó, en conjunto, no por ello dejó de realizar eficazmente la tarea que se le había encomendado: el servicio del Estado, es decir, del rey. Pensemos sino en lo que será en el siglo XVI el Imperio de Indias: territorios situados a millares de kilómetros de la metrópoli, minados por las ambiciones, los apetitos, las rivalidades, y, no obstante, bien controlados por el Consejo de Indias y sus funcionarios.

Fernando e Isabel no tuvieron sucesores directos pese a la calculada política matrimonial llevada a cabo con sus cinco hijos. Una política trazada en dos frentes. Por medio del primero se pretendía lograr pacíficamente la unión con Portugal (la Unión Ibérica); con el segundo se buscaban aliados o neutrales en las guerras contra Francia, país interesado, al igual que España, por la posesión de Nápoles. Con este designio, en 1490, la primogénita de los reyes castellanos, Isabel, contraía matrimonio con Alfonso, primogénito de Juan II de Portugal. Pero el joven esposo fallecía un año más tarde, e Isabel tuvo que regresar a Castilla. Cuatro años después, la princesa volvía nuevamente a Portugal, esta vez como reina, al desposarse con Manuel I el Afortunado. Desgraciadamente, en 1497, moría de parto en brazos de su madre al dar a luz a su hijo Miguel. Durante dos años, aquel niño sería el virtual heredero de las coronas de Aragón, Castilla y Portugal, dado que para entonces había fallecido, con diecinueve años, el príncipe Juan, hijo y heredero natural de los Reyes Católicos. Estas esperanzas quedaban, empero, truncadas al morir Miguel a la edad de dos años. Se malograba de ese modo el ansiado proyecto de Unión Ibérica, por más que en 1500 Manuel I el Afortunado, viudo de la infanta Isabel, solicitara de los Reyes

Católicos la mano de María, la menor de sus hijas. De ese matrimonio nacería Isabel de Portugal, la cual casará con su primo Carlos I y será la madre de Felipe II, merced a lo cual, como veremos, este último monarca podrá ostentar, en su momento, los derechos sucesorios a la corona portuguesa.

Y si mal resultó la apuesta portuguesa, peor resultó el otro gran plan matrimonial (anterior a aquel), por más que pareciera un golpe magistral de la diplomacia española. En 1496, en efecto, Isabel y Fernando pactarán un doble matrimonio: el del ya citado príncipe Juan (el único hijo varón de los Reyes Católicos y heredero, por tanto, de la corona castellano-aragonesa) y el de su hermana Juana con Margarita y Felipe de Austria, hijos del emperador Maximiliano I de Alemania y la duquesa María de Borgoña. Bien sabía el astuto Fernando el golpe que asestaba a Francia enlazando su estirpe con los soberanos de Austria, pues María de Borgoña, hija de Carlos el Temerario, había aportado en dote matrimonial los Estados de Flandes y el ducado de Borgoña. Aquel plan tan bien urdido quedaría, no obstante, desbaratado por la muerte de Juan, en 1497 (a los diecinueve años), a causa, según las crónicas de la época, de su débil complexión y excesiva fogosidad sexual, que agotó su débil naturaleza.

En 1497, en el breve espacio de unos meses, fallecían Isabel y Juan, sumiendo a la Reina Católica en un perpetuo duelo (añadamos a ello la muerte de su madre, Isabel de Portugal, conocida como la «loca de Arévalo», en 1496, y los problemas

Doña Juana la loca, heredera de los Reyes Católicos y reina de Castilla, que debido al estado de su salud mental no pudo regir los destinos de su país en una época que parecía propicia al engrandecimiento y a la gloria.

mentales de que venía dando muestras Juana, la segunda hija, casada con Felipe de Austria, conocido como Felipe el Hermoso). El golpe definitivo lo ocasionó la muerte del infante Miguel en 1500. Embargada por la tristeza, Isabel y Fernando asistieron al lamentable colofón de su política matrimonial, viendo con horror cómo Juana (la más inteligente de las hijas) desvariaba, manipulada y vejada por su marido, el archiduque Felipe.

En 1504 fallecía la reina Isabel, dejando en su testamento, como heredera, a su hija Juana, aunque en caso de incapacidad o ausencia de esta, Fernando asumiría la regencia de Castilla hasta la mayoría de edad de su nieto Carlos. Pero el archiduque no se resignó y, al final, sirviéndose de toda clase de intrigas, y luego de atraerse a los grandes magnates castellanos deseosos de recobrar sus antiguos privilegios, logró desplazar a su suegro, y con la ayuda de su padre, el emperador Maximiliano, emprendió una política internacional que destruía la orientación dada a la proyección hispánica en Europa por los Reyes Católicos. Para contrarrestar esas maniobras, Fernando firmó con Francia el Tratado de Blois (1505), estipulando la paz con Luis XII y su matrimonio con la sobrina del francés, Germana de Foix. De haber habido descendencia, se habría desbaratado la unión dinástica entre Castilla y Aragón. Ello enajenó a Fernando partidarios en Castilla, pero le quedó uno muy importante, el cardenal Cisneros. El intento de acuerdo entre Fernando y su yerno pareció lograrse en la Concordia de Salamanca (noviembre de 1505), según la cual en Castilla gobernarían conjuntamente como reyes Juana y Felipe, con el Rey Católico como gobernador perpetuo. Pero con la llegada de Juana y Felipe a España, en abril de 1506, las relaciones entre suegro y yerno se hicieron cada vez más tirantes. Fernando, hostigado por la gran nobleza, tuvo que renunciar a la regencia de Castilla y trasladarse, a finales de junio, a sus reinos patrimoniales. Pero, mira por dónde, el 25 de septiembre de aquel mismo año, Felipe el Hermoso fallecía, mientras Fernando el Católico permanecía en Nápoles. Acto seguido, en Castilla se constituyó un Consejo de Regencia presidido por el cardenal Cisneros, quien reclamó la vuelta del Rey Católico. La segunda regencia en Castilla de Fernando el Católico duró nueve años (1507-1516), en el transcurso de los cuales el monarca impulsó una vigorosa política internacional, y añadió otra piedra al edificio de la unidad peninsular con la anexión de Navarra.

En su testamento, Fernando nombraba heredero de sus Estados patrimoniales a su nieto Carlos, y regente, hasta su llegada, a su hijo natural, Alfonso de Aragón, arzobispo de Zaragoza. Carlos, como vimos, era también heredero de Castilla, cuya regencia asumió, hasta la llegada del joven rey, el cardenal Cisneros. Durante su breve período de gobierno, Cisneros prosiguió la política del Rey Católico, afirmando el autoritarismo monárquico y oponiéndose con energía a las veleidades de los grandes magnates castellanos.

Los Reyes Católicos facilitaron enormemente, en muchos ámbitos, la tarea de los Habsburgo al asegurar de forma duradera el prestigio de la institución monárquica. Pensemos si no en lo que representaba la Corona antes de 1474, bajo Enrique IV y ya bajo Juan II: escarnecidos, vilipendiados, débiles e impotentes, los reyes quedaban obligados a adaptarse a las circunstancias para conservar el trono; se les autorizaba a reinar, pero se les privaba

La reina doña Juana junto al ataúd de su marido (Felipe el Hermoso), por Francisco Pradilla. Cuadros como éste fomentan la leyenda romántica que siempre ha rodeado a Juana I.

de todo poder verdadero. La monarquía española no volverá a ofrecer este espectáculo irrisorio; conocerá, qué duda cabe, soberanos poco o nada brillantes, pero la propia institución monárquica será siempre respetada. Los Reyes Católicos situarán esta institución bajo el signo de la grandeza.

De ese modo, España se convertía, a principios del siglo XVI, en una potencia mundial: sus ejércitos están en Italia; sus hidalgos empiezan a conquistar las Indias; sus soberanos han establecido lazos con Portugal y la casa de Borgoña. Carlos I y Felipe II recogerán esta herencia, explotarán estas posibilidades. ¿Quiere esto decir que todo sea perfecto en este reinado? Ciertamente, no. Determinados rasgos negativos se acusarán con el tiempo, empezando por la tendencia a organizar España en función de Castilla. Siendo como era Castilla, con mucho, el reino más poblado, el más próspero, el más dinámico de los que componían España, Isabel y Fernando se acostumbraron, desde el primer momento, a apoyarse preferentemente en Castilla y a descuidar el resto de la monarquía. El Estado español moderno es básicamente un Estado castellano. A largo plazo, se percibirán los inconvenientes de este sistema; en los años 1500, solo se ven las ventajas: la suerte, para el monarca, de poder contar siempre con los hombres y los impuestos de un reino rico, de un reino dócil, también...

En otro ámbito, el de las mentalidades, la obra de los Reyes Católicos tendrá asimismo consecuencias duraderas y graves. Al basar la unidad nacional en la unidad de la fe; al expulsar a los judíos, y al perseguir a los conversos, los Reyes Católicos contribuyeron a establecer un sistema insidioso que acabaría envenenando a la opinión pública en España: será la intolerancia organizada, el prejuicio de la «pureza de sangre». ¿Era evidente el peligro en los primeros años del siglo XVI? Se puede poner en duda. La España de Isabel y Fernando, la de Cisneros, no estaba condenada a transformarse en la de Felipe II; sus soberanos, sus hombres de Estado, sus funcionarios no eran hostiles por principio a las ideas nuevas y al mundo moderno. Sin embargo, la Inquisición, en manos de auténticos fanáticos, probablemente a causa de las luchas religiosas provocadas por la Reforma, pronto se convirtió en esa terrible máquina de guerra contra la libertad de pensamiento, y si España se metió a fondo en esta disputa, lo hizo menos por vocación que por haber sido inducida a ello por su nuevo

El cardenal Cisneros, monje franciscano confesor de la reina Isabel, fue nombrado por su rectitud a toda prueba cardenal primado de Toledo y consejero real. Fernando, debido a la enajenación de su hija Juana y hasta que su nieto Carlos pudiera reinar, dispuso en su testamento que el cardenal fuera regente. Cisneros, sin embargo, no llegó a conocer al joven monarca, pues murió cuando iba a su encuentro a su llegada a España.

soberano, Carlos I, que se negaba a renunciar a sus responsabilidades como emperador, mientras que sus súbditos castellanos habrían preferido que el rey de España se mostrara más prudente. Tenemos que remitirnos aquí, una vez más, al problema de la decadencia y a las tesis de Sánchez Albornoz sobre el «cortocircuito de la modernidad en España». Y es que, si bien la España de Carlos I y de Felipe II es, en muchos aspectos, la heredera de la de los Reyes

Católicos, en otros, no menos esenciales, inicia también una historia diferente.

3. LOS GRANDES DESCUBRIMIENTOS GEOGRÁFICOS

La expansión ultramarina de España y Portugal en los siglos XV y XVI fue uno de los logros más importantes de la historia universal y una empresa para la cual los pueblos de la Península habían sido preparados por su pasado. Junto al Renacimiento, los grandes descubrimientos geográficos que se realizan a partir de la segunda mitad del siglo XV y que culminan con la llegada de Colón a tierras de América son determinantes en el paso del Medievo a los tiempos modernos.

Durante la Edad Media apenas se amplió el límite del mundo explorado, a pesar de los viajes de Marco Polo y de otros aventureros a China. Los descubrimientos geográficos que se produjeron nada más iniciarse la Edad Moderna casi duplicaron el mundo conocido, de manera que tan solo África permaneció todavía como continente misterioso. Esta labor fue debida casi íntegramente a los navegantes españoles y portugueses.

Hubo una serie de circunstancias que propiciaron estos descubrimientos: unas, de carácter técnico —empleo de la brújula, de la carabela, por no hablar asimismo del aumento del tonelaje y la resistencia de los navíos—, imprescindibles para el progreso de la navegación; otras, de carácter meramente comercial y económico. En Europa se consumían grandes cantidades de especias y de otros productos importados del Sudeste de Asia (India, Indochina, Insulandia), países conocidos como las Indias. Estos productos (tejidos, perfumes, azúcar, perlas, piedras preciosas), muy apreciados por la refinada sociedad de la Baja Edad Media, eran conducidos por caravanas a los puertos del Mediterráneo oriental.

A principios del siglo xv, los turcos otomanos, fanáticos musulmanes, dominaron esas regiones del Mediterráneo, impidiendo este tráfico e incitando el deseo de buscar otros caminos para llegar a las Indias. Los portugueses, conformada su unidad territorial, ávidos de aventuras y expertos navegantes, emprendieron la exploración de las costas africanas buscando una ruta que condujera a las Indias por el sudoeste; en 1482, Diego Cao llegó hasta la desembocadura del Congo, y en 1488, Bartolomé Díaz descubrió el cabo de Buena Esperanza.

Más o menos por dicha época llegó a Portugal un navegante italiano de origen genovés, Cristoforo Colombo. Fue allí, sin duda, donde, establecido en 1476, se impregnó de inquietudes descubridoras, y muy probablemente forjó su plan para llegar a las Indias por el oeste, sin verse obligado a bordear África. Dicha idea de alcanzar Asia navegando hacia Occidente, justo es reconocerlo, no era nueva. Años antes, el sabio florentino Pablo Toscanelli enviaba al rey de Portugal una carta exponiendo un plan para llegar al país de las especias por la ruta de Occidente, pues estaba

El mapa de Juan de la Cosa. Detalle de Europa y África de la carta de marear de las Indias o mapamundi de Juan de la Cosa, realizado en el año 1500 y el primero en que se contemplan las tierras descubiertas por Colón. Museo Naval, Madrid.

convencido de que la distancia de Lisboa a China sería de unas 6 500 millas, o sea, bastante más corta de lo que en realidad es. Por otra parte, nadie sospechaba que entre Asia y Europa se extendiera todo un vasto continente, y creían que se podría llegar hasta ella navegando. Es probable que Colón conociera el proyecto de Toscanelli y el mapa en que este lo explicaba gráficamente, y se decidiera a llevarlo a la práctica, perfeccionándolo con algunos datos y observaciones adquiridas en el curso de sus navegaciones.

Forjado su proyecto, lo expuso al rey portugués Juan II, quien lo rechazó considerándolo impracticable. Al mismo tiempo que su hermano Bartolomé viajaba a Inglaterra a proponer el plan al rey inglés, Colón vino a España, donde empezó a buscar la amistad de personas de importancia que interesaran a los reyes por su proyecto. La firmeza y convicción con que defendía sus ideas le granjearon el apoyo del duque de Medinaceli, quien le introdujo en la Corte, realizándose la presentación ante los Reyes en Alcalá de Henares (enero de 1486). Sin embargo, los monarcas no aceptaron tan fácilmente los planes de aquel desconocido, que exigía atribuciones exorbitantes, y Colón pasó ocho años siguiendo a la Corte sin dejar de insistir en sus propósitos. En 1491, considerándose fracasado, quiso marcharse a Francia. A su paso por Huelva, donde iba a dejar a su hijo con unos parientes, conoció a fray Juan Pérez, prior del Convento de la Rábida, personaje cercano a la Reina, que le animó a perseverar en la empresa. Con su apoyo y el de otras personas influyentes, como el cardenal Mendoza, Colón consiguió al final que, concluida la guerra de Granada, los Reyes Católicos se decidieran a aceptar sus planes luego de laboriosas negociaciones, durante las cuales la tenacidad con que Colón mantenía sus pretensiones estuvo a punto de hacer fracasar de nuevo el proyecto. Al final, sin embargo, se firmaron las llamadas *Capitulaciones de Santa Fe*, por las que Isabel y Fernando se comprometían a entregar a Colón lo necesario para que pudiera llevar a cabo la expedición, nombrándole virrey, almirante y capitán general de las tierras que descubriera, con derecho a percibir la décima parte del oro o demás riquezas que se encontrasen. Él debería aportar la octava parte de los gastos del viaje; los Reyes pagarían el resto.

El 3 de agosto de 1492 salieron del puerto de Palos las tres carabelas Pinta, Niña y Santa María, tripuladas por 120 hombres. Las dos primeras eran propiedad de los hermanos Martín y Vicente Yáñez Pinzón, ricos armadores de Palos y marinos de mucho prestigio; la tercera pertenecía a Juan de la Cosa, hábil piloto y gran cartógrafo. Cada uno de estos tres marinos mandaba su propia nave. Colón iba en la Santa María como jefe superior. La participación de estos tres españoles, sobre todo la del primero, fue decisiva en la historia del descubrimiento. Después de una estancia en las Canarias reparando averías, las tres naves se lanzaron rumbo a lo desconocido (6 de septiembre). Al cabo de cinco semanas de navegación, cuando muchos empezaban ya a desesperar, un marino de la Pinta, Rodrigo de Triana, dio la voz de «¡Tierra!». Era la madrugada del 12 de octubre de 1492.

El mismo día, los navegantes desembarcaron en una isla que los indígenas llamaban Guanahaní, y a la que Colón denominó San Salvador; era una de las Bahamas o Lucayas. Después de recorrer otras muchas islas, llegaron a una más grande (Haití), que llamaron Española, y luego a la de Cuba, que bautizaron con el nombre de la hija heredera de los Reyes Católicos, Juana, y que Colón creyó ser tierra firme de Asia. Con los restos de la Santa María, que naufragó en Haití, se construyó un fuerte, el Navidad, en el que dejó una pequeña guarnición. Después, la Pinta y la Niña regresaron a la

La imagen auténtica de Colón no nos es conocida, sino a
través de descripciones como la de Andrés Bernáldez, "cura
de los Palacios". Sin embargo, este retrato cuenta como uno
de los más probables del insigne descubridor, tal vez porque
contiene dos detalles sobre los que insiste Bernáldez.
"Era –dice el cronista– de rostro pecoso y de pelo bermejo".

Península para dar cuenta a los Reyes del descubrimiento. Una tempestad las separó por el camino,
y la Pinta, mandada por Martín Pinzón, arribaba
primero a España (Bayona de Galicia). Cristóbal
Colón, con la Niña, hacía escala antes en Lisboa;
y de allí se dirigió a Palos, donde llegó unas horas

antes que Pinzón, procedente de Galicia. Este ilustre marino falleció a los pocos días de su llegada, y Colón marchó, por tierra, a Barcelona, donde a la sazón se encontraban los Reyes (1493).

Pocos meses después, se organizó un segundo viaje. Se trataba de una empresa colonizadora a gran escala: 16 barcos, 1500 hombres de todas las profesiones, víveres, herramientas de trabajo, medicinas, semillas de trigo y frutales, y animales domésticos de todas clases. El estado mayor de Colón era brillantísimo, pero el nuevo viaje demostró que, si bien era un gran navegante, carecía de condiciones para gobernar. Al llegar a Española, se encontraron con el fuerte Navidad en ruinas, pues los indígenas lo habían atacado, dando muerte a los españoles que lo defendían. Entonces Colón decidió fundar una ciudad, la Isabela, la primera de las ciudades del Nuevo Mundo. Prosiguieron sus descubrimientos (algunas islas de las Pequeñas Antillas y Jamaica), pero las cosas fueron de mal en peor. Los colonos, descontentos, se quejaron a los Reyes Católicos de los abusos que cometían Colón y sus hermanos.

En 1498, Colón, después de justificarse ante los monarcas, organizó un tercer viaje. La expedición se componía, en esta ocasión, de seis buques que salieron de Sanlúcar de Barrameda y que por primera vez arribaron a tierra firme cerca de la desembocadura del Orinoco. El enclave les pareció a los expedicionarios tan fascinante que creyeron encontrarse en el Paraíso Terrenal, y llamaron al país Tierra de Gracia. A continuación, estos tocaron la tierra continental de América del Sur, que, empezando por el propio Colón, se empecinaron en seguir considerando las Indias. Y eso que, un año antes de emprender este tercer viaje, los portugueses, con Vasco de Gama a la cabeza, lograban dar con la ruta de las verdaderas Indias (1498).

Prosiguiendo con los descubrimientos colombinos, otros valerosos y hábiles pilotos españoles emprendieron una serie de viajes menores, en los que se ilustraron las figuras de Ojeda, Pinzón y Bastidas. Se exploraron entonces las costas meridionales del mar Caribe, desde Panamá al norte de Brasil (1499-1500). Desde Haití, la colonización hispana se extendió a Cuba (1508) y Puerto Rico (1510). Luego se inició la exploración del litoral del golfo de México, en cuyas empresas sobresalen los nombres de Córdoba y Grijalba (1517-1518).

Mientras tanto, espoleados por el éxito de los españoles, los demás países de Occidente alentaron importantes viajes de descubrimiento. Portugal, concretamente, se benefició de un cambio de rumbo de la flota que iba a la India al mando de Pedro Álvares Cabral (1467-1520) para sumar a sus descubrimientos Brasil (1500). Ese mismo año, los hermanos Gaspar y Miguel Cortés Real llegaban al litoral septentrional de América del Norte (1500). La Corte de Lisboa tomó también a su servicio a Américo Vespucio (¿1454?-1512), natural de Florencia, quien había participado en los viajes de Ojeda y Pinzón. La descripción de sus navegaciones popularizó el Nuevo Mundo en Europa, de modo

Una de las figuras más singulares de la primera época del descubrimiento fue la del extremeño Vasco Núñez de Balboa (1475-1519) que, con su descubrimiento del que se llamó Mar del Sur (océano Pacífico), en 1513, abrió un nuevo horizonte al comprobarse que las tierras halladas no formaban parte de Asia como se había creído hasta entonces.

que se hizo general el nombre de América para designarlo (lo propuso, en mala hora para Colón, el cosmógrafo alsaciano Waldseemüller en 1507).

En la misma época, el veneciano Juan Caboto, al servicio de Inglaterra, abordaba en 1497 la costa de América del Norte, en un lugar entre Terranova y la península del Labrador. Los relatos de los navegantes enseñaron a Europa que las tierras colombinas no pertenecían a Asia, como había creído su descubridor. Esta teoría quedó plenamente demostrada cuando, en 1513, el español Vasco Núñez de Balboa cruzó el istmo de Panamá y descubrió el Mar del Sur (el Pacífico), con lo que quedaba claro que

América no eran las Indias y que ambos continentes estaban separados por un nuevo océano.

Tres años antes de morir Cristóbal Colón en Valladolid, en 1505, todavía realizó un cuarto viaje. Por entonces, el almirante se encontraba agotado y envejecido. La expedición fue trágica; el gobernador de la Española, Nicolás de Ovando, le prohibió desembarcar, en vista de lo cual siguió la ruta de América Central y exploró la costa de Honduras. Allí perdió dos barcos y milagrosamente pudo llegar a Jamaica, desde donde, desalentado, regresó a España. Murió, como decíamos, sin querer admitir que las tierras por él descubiertas no fuesen las Indias. Fue un gran navegante, un hombre audaz, lleno de fe en su misión providencial. Pecó, sin embargo, de orgullo y de obstinación, y como gobernante cometió algunos graves yerros que justificaron que el rey le quitara el gobierno de las Indias, gobierno que luego le fue reconocido a su hijo Diego.

De momento, el Nuevo Mundo apareció como una barrera entre España y la meta tan codiciada del país de las Especias. Para atravesarla se buscó un paso marítimo. En este empeño, el español Díaz de Solís murió en la desembocadura del Plata (1515). Poco después, el portugués **Fernando de Magallanes** (1480-1521), que había estado en la India, ofreció sus servicios al rey Carlos I de España para llegar a las islas de las Especias por la ruta atlántica. Al mando de una flota de cinco navíos, partió de Sanlúcar de Barrameda en 1519; en 1520 descubrió el estrecho que lleva su nombre. Luego,

Monumento a Magallanes en Punta Arenas (Chile). Fernando de Magallanes, portugués al servicio de España, quería hallar la vía marítima que uniera la península con las riquísimas islas de las especias.

después de una larga navegación por el Pacífico, dieron con las islas Marianas y con las Filipinas. Aquí murieron el gran navegante y muchos de sus compañeros batallando contra los indígenas. Después de sortear toda clase de peligros, la nao Victoria, mandada por **Juan Sebastián Elcano** (1476-1526), llegaba a España, con tan solo dieciocho hombres, en septiembre de 1522 por la ruta del cabo de Buena Esperanza. Por primera vez en la historia se había dado la vuelta al mundo.

Para salir al paso de las reclamaciones de Portugal, los Reyes Católicos pidieron al papa Alejandro VI, en virtud de la señoría que por aquel entonces se le reconocía al pontífice sobre las tierras sin dueño, que les adjudicara la jurisdicción sobre los países recién descubiertos. El papa concedió a Castilla las tierras situadas a cien leguas al oeste de las islas de Cabo Verde y de las Azores (Bula de 1493). Pero, en vista de las protestas de los portugueses, los Reyes Católicos, en política de buena vecindad, entablaron negociaciones para fijar una nueva línea. El resultado quedó reflejado en el Tratado de Tordesillas (1494), por el que, en beneficio de Portugal, se acordó que la división pasara a 370 leguas de las islas de Cabo Verde. Las tierras y los mares situados al oeste de esta línea imaginaria quedarían reservadas a la exploración de España, y las comprendidas al oriente de la misma serían zonas de expansión portuguesas.

Fueron muchas y muy notables las consecuencias de esta serie ininterrumpida de descubrimientos geográficos. En principio, lógicamente, económicas, debido al traslado del eje económico del Mediterráneo al Atlántico, con lo que las ciudades italianas y del levante peninsular, que tanto desarrollo habían alcanzado durante el Medievo, decayeron, y, por el contrario, adquirieron mayor rango las atlánticas. Por otra parte, de América llegaron numerosas riquezas minerales, vegetales y animales. Europa encontró nuevos y abundantes productos para su avituallamiento; grandes cantidades de algodón, café, caña de azúcar y maíz atravesaron el Atlántico hacia nuestro continente, mientras en sentido contrario las manufacturas de los nuevos países industriales iban a surtir los mercados coloniales. Por lo demás, con el descubrimiento de América desapareció la escasez de moneda y metales preciosos, característica de la Edad Media, y fuertes cantidades de oro y plata llegaron a Europa. Consecuencia natural de este hecho fue el envilecimiento de estos metales preciosos, o sea, la disminución de su capacidad adquisitiva, y, por tanto, el encarecimiento de la vida en todos los países y el alza de precios de las mercancías. Esto produjo la ruina económica de una parte de la nobleza, que viviendo de rentas fijas no podía atender a sus gastos, y el enriquecimiento de la alta burguesía de los negocios.

Además de las económicas, también las hubo de carácter político, en especial para España, la cual, como protagonista de la mayoría de los descubrimientos, pasó a ocupar una posición

La nao "Victoria", la única que tornó de las tres que habían partido con intención de alcanzar las islas de las especias por el camino de occidente.

preponderante en Europa durante el siglo XVI. Por lo demás, los descubrimientos ampliaron los límites geográficos y la esfera de los saberes humanos, dando a conocer nuevas razas, nuevas civilizaciones y nuevas formas de vivir y de pensar.

4. Carlos I: el Imperio hispánico

España, al comenzar el siglo XVI, se había convertido en la primera nación del mundo. La subida al trono de Carlos de Gante —el primer Habsburgo— iba a resultar decisiva en el destino de España. Las cuatro herencias territoriales que recibió Carlos I le convertirían en rey de un poderoso imperio. De sus abuelos maternos, Isabel y Fernando, recibió Castilla, Navarra, Aragón, Canarias, las plazas del norte de África, Nápoles, Cerdeña, Sicilia y los territorios de América; de sus abuelos paternos, Maximiliano de Habsburgo y María de Borgoña, recibió Austria, el ducado de Borgoña, Artois, Luxemburgo, los Países Bajos, Flandes, el Franco Condado y los derechos a la Corona imperial, que hizo valer en 1519, al morir su abuelo Maximiliano. El mantenimiento de la hegemonía exigió largas y costosas guerras que impedirían a España beneficiarse de las riquezas que llegaban de América.

Carlos I había nacido en Gante en 1500 y fue educado en Flandes. En 1517, desembarcó en el puerto de Tazones (Asturias) para recibir la corona de España. A su llegada se encontró con la oposición inicial de parte de la nobleza castellana, que no veía con agrado a un rey educado en el extranjero y acompañado de una corte también flamenca. En lo que se refiere a la política peninsular, Carlos I mantuvo el orden constitucional de los Reyes Católicos. Buscó el equilibrio entre el inmovilismo de las entidades dotadas de constituciones y privilegios ancestrales, que de alguna forma frenaban la autoridad del rey, y el dinamismo que emanaba de una monarquía empeñada en consolidarse como monarquía autoritaria. El enfrentamiento

Uno de los más famosos cuadros del pintor veneciano Tiziano Vecellio (1477-1576) es este retrato de Carlos V a caballo en la batalla de Mühlberg, triunfo logrado por el emperador contra los protestantes en 1547. Representa el momento de más prestigio del César español, y así lo quiso expresar Tiziano, en actitud guerrera y vestido con armadura.

entre ambas posiciones se concretó, entre 1519 y 1523, en los levantamientos comuneros en Castilla y las guerras de Germanías en Mallorca y Valencia. Los primeros fueron derrotados en Villalar (1521). La ejecución de sus jefes —Padilla, Bravo y Maldonado— marcó el hundimiento del poder burgués en Castilla y selló la unión entre la Corona y la aristocracia castellana. El triunfo de los nobles sobre los artesanos y la burguesía urbana en Levante representó la victoria del campo sobre la ciudad y constituyó un rotundo triunfo para la monarquía.

El emperador Carlos se encontró de la noche a la mañana a la cabeza de un Estado multinacional, una confederación de una treintena de Estados separados por distancias fabulosas; pensemos en América, que constituía la tercera parte del Imperio. Castilla ocupó el centro de ese Imperio universal hasta 1640, año crítico en que las periferias se rebelaron. Era la España en donde jamás se ponía el sol, poblada por unos treinta millones de seres, todos ellos vasallos de Carlos, el emperador más nómada del mundo. Tan extensos dominios de la monarquía imperial plantearon desde el principio grandes problemas de gobierno y favorecieron los conflictos con otras potencias. El primer gran objetivo de su política fue establecer una alianza de todos los soberanos cristianos —lo que se denominaba *universitas christiana*, con el cristianismo como elemento fundamental de la civilización occidental— bajo la supremacía del emperador y la tutela del pontificado. Pero se encontró con la pronta oposición de Francia, de los príncipes alemanes y hasta del propio papado, además de tener que enfrentarse solo a la expansión del Imperio turco.

Durante veinticinco años, Carlos I de España y Francisco I de Francia lucharán por la hegemonía europea. En 1523, el francés tomaba el Milanesado italiano —enclave estratégico fundamental para el emperador al actuar de puente entre los dos ámbitos más importantes del Imperio: las tierras mediterráneas (España e Italia) y las del norte y centro de Europa (el Imperio de los Austrias y Flandes—, pero fue derrotado y hecho prisionero en la batalla de Pavía (1525). Francisco I firmó en la capital el Tratado de Madrid, según el cual renunciaba a todo derecho sobre Milán, Génova y Nápoles. Nada más volver a París, le faltó tiempo para aliarse con el papa Clemente VII con el objetivo de arrojar a los españoles de Italia. La Liga de Cognac fue derrotada en Milán. Esta segunda fase de la guerra concluía con la paz de Cambrai (1529). España devolvía a Francia el ducado de Borgoña, y Francisco I renunciaba definitivamente a sus pretensiones sobre Milán, Génova y Nápoles.

Por aquel entonces, el Imperio otomano se había convertido en una seria amenaza para los dominios imperiales con Solimán el Magnífico (1520-1566), que contaba además, cómo no, con el apoyo de Francisco I. Desde Hungría, los turcos sitiaron Viena (1526-1532), y en el Mediterráneo, el pirata turco Barbarroja hostigaba los barcos españoles y asaltaba sus costas. En 1535, la flota

Carlos I de España y V de Alemania se casó en 1526 con su prima Isabel de Portugal. De este matrimonio nacieron cinco hijos, el primero de los cuales, Felipe II, le había de suceder en el trono peninsular.

española se apoderaba de Túnez, pero la derrota de Argel (1541) supuso el mantenimiento del dominio turco en el Mediterráneo.

Pero el problema más arduo al que tuvo que hacer frente el emperador fue el de la Reforma protestante encabezada por Lutero, cuyas ideas se iban extendiendo más y más por Alemania, apoyadas por los príncipes protestantes. El empeño de Carlos V de conservar tanto la unidad religiosa de Europa como la política del Imperio se saldó de muy distinta forma, ya que, si bien logró parte del segundo objetivo, fracasó totalmente en el primero. En un primer momento, intentó negociar con los luteranos, convocando las Dietas de Worms (1521) y de Spira (1526 y 1529). El acuerdo pacífico no fue posible, ya que los luteranos formaron la Liga de Esmalcalda en contra del emperador.

Desde ese momento, Carlos V dio por consumada la división religiosa de Europa y tan solo procuró mantener la unidad política del Imperio, primero por la fuerza —en 1547 derrotaba en Mühlberg a sus adversarios— y luego por la vía diplomática, lo que logró con la Paz de Augsburgo (1555) a cambio de concesiones en el terreno religioso: los príncipes alemanes podían imponer en sus Estados la fe que escogiesen.

La amargura que dejó en el emperador el hecho de no haber podido mantener la unidad religiosa del Imperio explica su abdicación en 1556. Antes repartía su Imperio entre su hermano Fernando, a quien cedió sus posesiones alemanas y las centroeuropeas de los Habsburgo, y su hijo Felipe, que debía hacerse cargo de los territorios peninsulares (a los que, durante su reinado, se

Martín Lutero, por Lucas Cranac (Uffici, Florencia). La cuestión luterana planteó a Carlos V un grave y difícil problema, el cual ocasionará, a fin de cuentas, el fracaso de sus ideales.

añadiría Portugal), las tierras de ultramar, Italia y los Países Bajos. Acto seguido, se retiraba al monasterio de Yuste (Cáceres), donde murió en 1558.

5. La conquista del Nuevo Mundo

Si la España de los Reyes Católicos fue la de los grandes descubrimientos, la de los primeros Austrias fue, qué duda cabe, la de las grandes conquistas. Durante el reinado de Carlos I, el Imperio español se acrecentó con extensos territorios americanos habitados por unos doce millones de seres. Ahora bien, tras el descubrimiento, se planteó la conquista y la colonización; una empresa de titanes que tan solo se hizo posible merced al espíritu aventurero y ambicioso de los conquistadores hispanos. Hoy día en que se pone en cuestión aquella gesta histórica por muchos conceptos admirable, cabe decir que la conquista y la colonización del inmenso continente americano, aunque adolecieran de los defectos propios de la época, constituyen una importantísima aportación española a la historia de la humanidad. En menos de cien años conquistaron los soldados españoles imperios como el azteca y el incaico, alcanzaron la meseta de Bogotá (Colombia), llegando a ella desde Quito, y, siguiendo el curso del río Magdalena, recorrieron el Mississippi, navegaron por el Amazonas, el Plata y el Paraná; exploraron el continente norte de este a oeste, desde el Atlántico al Pacífico, y de sur a norte, desde Yucatán a Kansas; y en el continente sur atravesaron en múltiples ocasiones la ingente

Hernán Cortés, gran conquistador y colonizador, creador del México colonial sobre los fundamentos del Imperio azteca. Fue, sin género de duda, un gran estratega, un luchador incansable, dotado de excelentes dotes de gobierno.

cordillera de los Andes. Fue, qué duda cabe, una extraña aventura, llena de acción, sangre y arbitrariedades, pero que también obligó a evolucionar al ritmo de la historia a pueblos y culturas anclados en un pasado mítico.

La conquista española se emprendió desde las Antillas en dirección al Imperio azteca, y desde Panamá, siguiendo la costa del Pacífico, hacia el Perú y Chile. La velocidad con que se sucedieron los hechos, dada la magnitud de los mismos, fue vertiginosa. El primer paso fue la **conquista de Méjico.** En la elevada y extensa meseta del Anáhuac (Méjico) existía el poderoso Imperio de los aztecas, del que

los españoles tuvieron pronta noticia. Tras varias
expediciones de reconocimiento, el gobernador
de Cuba, Velázquez, encomendó al hidalgo extremeño Hernán Cortés (1486-1547) la conquista de
aquellas tierras. Cortés, hombre con algunos estudios cursados en Salamanca y extraordinarias dotes
políticas y guerreras, con una flotilla de once naves
se dirigió al Yucatán, y, después de vencer a los
indios en Tabasco y fundar la ciudad de Veracruz,
con su pequeño ejército remontó osadamente la
meseta, y luego de varias peripecias se adueñó, en
1519, de la capital azteca, Tenochtitlán, una bellísima ciudad situada en medio de un lago. Allí, el
emperador Moctezuma fingió acatar la soberanía
española. Poco después, sin embargo, los indígenas se sublevaron, asesinaron a Moctezuma, y,

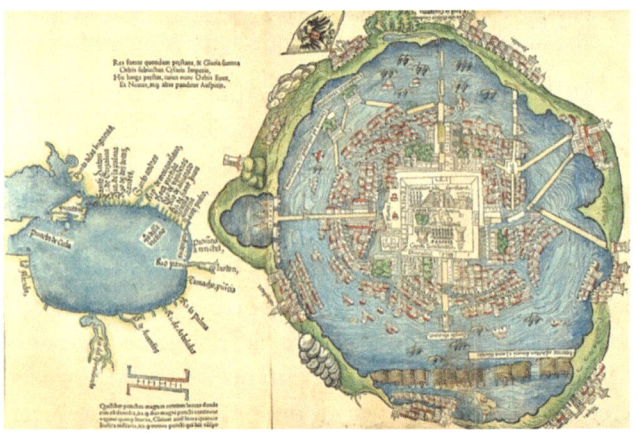

La ciudad de México, asentada sobre una laguna, *regia
et celebris civitas*, según un grabado del siglo XVII, por J.
Hoelnagle.

Hundimiento de las naves de Hernán Cortés, pintura de
Miguel González (Museo de América, Madrid).

ante lo desesperado de su situación, los españoles
se vieron obligados a retirarse a través de los estre-
chos istmos cortados por los indios, perdiendo la
mitad de sus hombres durante la llamada «Noche
triste». Sin embargo, los supervivientes lograron a
la postre reorganizarse y vencer a los aztecas en la
batalla de Otumba (octubre de 1520), en la que
un puñado de españoles derrotó a muchos miles
de indios; el milagro de la victoria se debió, al
parecer, al pánico que los indígenas sentían por los
caballos, animales fantásticos —para ellos— cuyo
ímpetu no acertaban a comprender. Poco después,

Cortés, con nuevos refuerzos y nombrado por el emperador capitán general y virrey de Méjico (Nueva España), conseguía conquistar otra vez la capital y dominar todo el país, donde a los pocos años los colonos españoles habían fundado numerosas ciudades.

Desde el **virreinato de Nueva España,** los españoles emprendieron nuevas expediciones hacia el norte en busca del fantástico **país de Quivira** (donde se decía que estaba la fuente de la eterna juventud) y de las maravillosas **Siete Ciudades de Cíbola** (que imaginaban pobladas por cristianos). Tales países no se encontraron, por la sencilla razón de que nunca habían existido, pero, en cambio, se exploraron las tierras de California, Colorado, Tejas, Arizona, Mississippi y Florida. Los viajes de **Ponce de León** (el conquistador de Puerto Rico

Muerte de Moctezuma (Miguel González, 1698). En la batalla decisiva, cuando Moctezuma, prisionero de Cortés, quiere persuadir a los suyos para que se sometan a los españoles, recibe una pedrada y un flechazo que le causan la muerte. Museo de América. Madrid.

y el primer explorador de la Florida), **Narváez** (el rival de Cortés), **Soto** (descubridor del Mississippi), **Coronado** (explorador de gran parte del sudoeste de los actuales Estados Unidos) y tantos otros, son impresionantes, y las andanzas de **Álvar Núñez Cabeza de Vaca** en Tejas parecen pura fábula. Al mismo tiempo, **Grijalba**, **Alvarado** (el compañero de Cortés), **Olid**, **Fernández de Córdoba**, **González Dávila** y otros esforzados capitanes recorrían las tierras de América Central, conquistando el Yucatán, Guatemala, Nicaragua y Panamá.

Las noticias de la existencia de un país rico en oro hacia el sur llegó al conocimiento de los españoles en la región de Panamá. Se trataba del Imperio de los incas, que se extendía a lo largo de la cordillera de los Andes. Leyendas maravillosas hablaban de sus prósperas ciudades y de sus aguerridos soldados. Un capitán extremeño (de Trujillo), **Francisco Pizarro** (1471-1541), curtido ya en armas (había participado con Balboa en el descubrimiento del océano Pacífico en 1513) y establecido en Panamá, concibió el quimérico proyecto de conquistar tan fabuloso imperio. Para ello se asoció con **Diego de Almagro**, otro bravo capitán de modestísimos orígenes, y el sacerdote **Hernando Luque**, que aportó la mayoría del dinero que necesitaban. Después de dos viajes de reconocimiento, la tentativa se formalizó en enero de 1531. Pizarro, con escasísimos medios (tan solo 180 hombres), desembarcó en Perú y se internó resueltamente en el país. Explotando hábilmente una guerra civil existente entre los incas, llegó a

Francisco Pizarro. Participó con Balboa en el descubrimiento del océano Pacífico (1513). En 1528 fundó Lima bajo el nombre de Ciudad de los Reyes y emprendió la conquista del Imperio inca.

Cajamarca y, en un golpe de audacia, hizo prisionero al emperador **Atahualpa,** al que mandó ajusticiar como culpable del asesinato de su hermano **Huáscar**. Poco después, Pizarro avanzó rápidamente hacia Cuzco, la capital del Imperio, donde hizo proclamar a un nuevo emperador adicto que acató la soberanía española.

Desde el Perú partieron una serie de expediciones a la conquista de otros países lejanos, siempre movidos por la busca de la fabulosa tierra de **El Dorado.** El primero fue **Diego de Almagro** (1475-1538), que, luego de atravesar enormes desiertos y gigantescas montañas, regresó desilusionado al Perú sin haber conseguido nada positivo. La empresa la continuó otro extremeño, el capitán **Pedro de Valdivia,** el cual, tras duras luchas contra los bravos **araucanos** (1539), cantadas por Alonso de Ercilla, logró conquistar y organizar las regiones que en la actualidad constituyen la nación chilena.

Por el norte, **Benalcázar,** antiguo lugarteniente de Pizarro, conquistó las tierras de **Quito** (1533) y de **Bogotá** (1538), que recibieron el nombre de **Nueva Granada**; y por el este, el audaz **Orellana** fue el primer europeo que recorrió el Amazonas desde su nacimiento hasta casi la desembocadura (1541-1542). Cabe destacar, asimismo, la colonización del Plata por **Pedro de Mendoza** (1487-1537), el primer fundador de Buenos Aires (1833), y **Martínez de Irala** (1512-1556), quien, en 1547, alcanzó el Perú a través del continente.

Diego de Almagro, que en la conquista del Perú quedó un tanto eclipsado por la gran figura de Francisco Pizarro; pero en la expedición a Chile se muestra como emprendedor sin par, valiente y atrevido, capitán de grandes dotes y escasa fortuna.

61

Desde Nueva España y el Perú, los navegantes hispanos se lanzaron audazmente a la exploración del gran océano Pacífico. **Álvaro de Saavedra**, enviado por Cortés desde Nueva España, descubría **Nueva Guinea** (1527), que, más tarde, exploraba en parte **Ortiz de Retes** (1547); y el gran explorador **Villalobos** descubrió muchos archipiélagos oceánicos (**Hawái, Carolinas, Filipinas**, etc.) (1542). En tiempos de Felipe II continuaron estos viajes, que dieron por resultado la conquista de Filipinas por el caballero vasco **López de Legazpi** y el célebre cosmógrafo **Andrés de Urdaneta** (1571); este fue el primero que pudo realizar el viaje de regreso de Filipinas a Méjico. También desde el Perú se organizaron expediciones hacia las islas del Pacífico: **Mendaña, Quirós**, **Torres** y otros audaces viajeros incorporaron al Imperio hispánico, en la segunda mitad del siglo XVI, innumerables islas del Pacífico (las **Salomón**, **Marshall**, **Nuevas Hébridas**, **Sociedad**, etc.).

6.   FELIPE II: LA TRIPLE HERENCIA

El ascenso al trono de Felipe II (1527-1598) supuso un nuevo giro en la política europea de la Corona hispánica. Con el nuevo rey, en efecto, la monarquía se tornaba más ibérica, se replegaba sobre sí misma y se endurecía. El nuevo monarca, hijo de Carlos I e Isabel de Portugal, que tenía 29 años al subir al trono (1556) y una mentalidad completamente distinta de la de su padre, fue el monarca más importante de la segunda mitad del

Monumento a Pedro de Valdivia (obra del escultor español Enrique Pérez-Comendador) en Santiago de Chile, ciudad por él fundada.

siglo XVI, tanto por la extensión de sus Estados como por la ambición de su política. Al subir al trono, cargó sobre sus espaldas una triple y pesada herencia: la lucha contra el protestantismo en Europa; la contención del peligro otomano en el Mediterráneo y la reducción del poderío de Francia en Occidente. Personalidad discutida en torno a la cual la leyenda negra ha creado todo un mito posiblemente inexacto, representa la nueva mentalidad intransigente de la generación europea contrarreformista y calvinista. La sustitución en el equipo de gobierno del grupo liberal (Mendoza-Éboli-Pérez) por el grupo intransigente (Alba, Baajas, Chávez) hacia 1568, en lo que se ha llamado el viraje de Felipe II, significaría la subida al poder de la nueva generación. Sinceramente castellano por nacimiento y educación, sabrá interpretar y a la vez adaptar a su política el espíritu de dominio y la

seguridad que despertara en Castilla el papel hegemónico a que lo empujó su padre, Carlos. Carácter
burocrático, poco flexible y sin visión amplia de
conjunto del problema europeo, imprimirá una
evidente lentitud a la máquina de gobierno español y se verá superado, al final de su reinado, por
la simultaneidad de los problemas a atender. Estos,
en principio, fueron los tres mismos de su padre,
lo que hemos dado en denominar la triple herencia: peligro turco en el Mediterráneo, lucha contra
Francia por el predominio de Europa y mantenimiento, a ultranza, ahora, del catolicismo frente
al reformismo religioso europeo. Para resolverlos

Retrato de Felipe II, por Sánchez Coello (Museo del Prado). De
más de medio cuerpo, el rey viste de negro, con sombrero alto;
gorguera y puños; el Toisón sobre el pecho; en la mano izquierda
el rosario, y la diestra en el brazo del sillón. Fue pintado antes de
1582, en que consta que el monarca tenía la barba blanca.

contará con el potencial humano y económico de Castilla (y de las colonias americanas) y con el dispositivo territorial que le dejara su padre, con los Países Bajos, el Milanesado y España como vértices.

El Rey Prudente decidió, en 1561, fijar la capital de las Españas en Madrid, en el corazón del reino de Castilla. Dos años más tarde, en 1563, inició, en conmemoración de la gran victoria de San Quintín (1557) contra la coalición formada por Enrique II de Francia, el papado y los turcos, la construcción del Monasterio de San Lorenzo de El Escorial, incomparable icono del poderío imperial español, en la soledad de la sierra de Guadarrama. Aquel palacio/monasterio, encomendado a la orden de San Jerónimo, estaba llamado a erigirse en el verdadero centro de la Monarquía. Felipe II gobernó solo el vasto Imperio hispánico. Este rey burócrata organizó una «monarquía administrativa». Y, aunque se rodeó de secretarios competentes (Gonzalo y Antonio Pérez, y, posteriormente, Gabriel de Zayas), el soberano se empeñó en gobernar solo. Felipe II es el prototipo del gobernante personal.

Una vez firmada la Paz de Cateau-Cambrésis (1559), que cerraba las incesantes luchas contra Francia, el empeño de Felipe II en mantener su papel de defensor de la fe le llevó a imponer su autoridad moral al rey Enrique II de Francia y a encabezar la reacción frente a tres factores de desestabilización de la política europea: el auge de la rebelión calvinista en Europa (guerras de religión

Antonio Pérez, secretario de Felipe II; gozó de un poder
omnímodo y se vio perseguido por causas aún no aclaradas.
Conservó la vida merced a su condición de aragonés y al
motín de los zaragozanos, que lograron facilitarle la huida.

en Francia), la sublevación de los Países Bajos y una
nueva embestida del islam. Esta se materializó en
hechos aislados como el alzamiento de los moriscos granadinos o los avances del poder otomano,
que tuvieron como consecuencia la formación de
la Santa Liga, que midió sus fuerzas con los turcos
en la batalla de Lepanto, batalla en la que, recor-
démoslo, participó Cervantes, y que se saldó con
la victoria de las tropas imperiales comandadas por
don Juan de Austria frente a la escuadra otomana,
a cuyo mando se encontraba Alí Bajá.

Las tendencias secesionistas flamencas se
agudizaron cuando se decretó en el territorio de
Flandes la obligación de observar el dogma tridentino, es decir, los preceptos dictados por el Concilio

Ana de Mendoza de la Cierva, princesa de Éboli y duquesa de Pastrana. Se vio envuelta en el proceso contra Antonio Pérez. Como consecuencia de aquel proceso, fue recluida en su palacio de Pastrana por el resto de sus días.

de Trento. Una parte importante de la aristocracia flamenca firmó el compromiso de Breda aceptando esa proposición, mientras que un sector calvinista se levantó en armas contra la regente Margarita de Parma. Para reprimir el levantamiento, Felipe II envió al duque de Alba, quien, tras una serie de triunfos militares (Groninga, Mons, Malinas y Haarlem), impuso una política de extrema dureza contra los rebeldes, que incluyó la ejecución de sus cabecillas. Guillermo de Orange, el cual encabezó la insurrección holandesa, consiguió hacerse con el dominio de las provincias del norte, al tiempo que Bélgica se mantenía fiel a España y a la Iglesia católica. Esta situación perduró durante el gobierno de los sucesores de Alba: Luis de Requesens, Juan de Austria y Alejandro Farnesio. Además de los fracasos de los diversos intentos de concordia, como el Edicto Perpetuo negociado por Juan de Austria en

1580, el apoyo británico a los rebeldes holandeses contribuyó a la internacionalización del conflicto y condujo a la formación de dos grandes bloques antagónicos: el protestante, acaudillado por Isabel I de Inglaterra, y el católico, encarnado en la monarquía hispánica. La alineación acabó de decidirse tras el desastre de la Armada Invencible española (1588), destruida en aguas del Canal de la Mancha por navíos ingleses, más adaptados a la lucha en aquellas turbulentas aguas. La derrota debilitó extraordinariamente la posición internacional de Felipe II y alentó la creación de una gran coalición —Inglaterra, Francia y Holanda— contra el Imperio hispánico. Intuyendo el fin del Imperio, el Rey Prudente firmó durante los últimos años de su vida la paz con Francia en Vervins (1598) y otorgó un régimen autonómico a los Países Bajos, que quedaron bajo la autoridad de su hija Isabel Clara Eugenia y de su esposo, el archiduque Alberto.

7. Los últimos Austrias

7.1. Felipe III: el principio del fin

A Felipe II le sucedió, en 1598, su hijo, Felipe III (1598-1621), que reunía escasas dotes de gobernante. Durante los veintitrés años que duró su reinado, el país presenció impotente el principio del fin imperial mientras padecía las consecuencias de una dramática crisis económica. Envueltas en una espiral de lujo, corrupción y falta de iniciativa política, la Corona y la Corte vivían de espaldas

La impericia de los marinos españoles y las adversas condiciones atmosféricas provocaron la derrota de la llamada Armada Invencible que Felipe II envió contra Inglaterra en 1588. Las flotas española e inglesa en combate. Grabado anónimo inglés del siglo XVI.

a la realidad. A ello contribuyó decididamente el monarca, hombre de escaso carácter, falto de voluntad e inteligencia y acendrado misticismo, que se mantuvo al margen de los asuntos de Estado, como lo había hecho durante el reinado de su padre. No es de extrañar, pues, que, una vez en el trono, dejara las riendas del poder en manos de Francisco de Sandoval y Rojas, duque de Lerma, con lo que iniciaba el tipo de gobierno denominado de los **validos**, aristócratas que, gozando de la confianza del rey, ejercían el poder en su nombre. El duque de Lerma, de infausta memoria, gobernó España entre 1598 y 1618, veinte años clave en nuestra historia. Su política exterior fue bastante pacífica, firmando la paz en 1604 con Jacobo I de Inglaterra y la Tregua de los Doce Años con Holanda en 1609. Su política interior fue de escaso relieve; pero, ahondando más en la herida, firmó la expulsión de los moriscos de Valencia, Andalucía, Aragón y Murcia (1609), con lo que concluyó la tan ansiada unidad religiosa, pero agravando con ese gesto la decadencia demográfica, agrícola y financiera de España; lo cual, unido al desquiciamiento económico y a la corrupción generalizada en el gobierno (no había puesto relevante en la Corte que no lo ocupara un pariente del de Lerma, que llegó al punto de convencer al rey para que aceptara la descabellada idea de trasladar la Corte a Valladolid), hacían prever la ruina del Imperio español a corto plazo.

La vulnerabilidad de la Corona obedecía sin duda al penoso estado de la Hacienda pública. Pese a que la política pacifista practicada en los primeros años del reinado de Felipe III representó un importante ahorro financiero, fue imposible salvar las arcas reales de la bancarrota. La situación llegó a tan alto grado de insostenibilidad que, en 1607, vista la ineficacia de medidas como la venta de cargos públicos o la acuñación de monedas de cobre, se optó por declarar una quiebra parcial de la Hacienda pública. La situación empeoró todavía más con la expulsión de los moriscos en 1609, que trajo consigo la ruina agrícola y artesanal de Valencia, Murcia, Andalucía y parte de Castilla y Extremadura, donde estos venían desempeñando su indispensable trabajo. Aunque la circunstancia no era ajena a la gran crisis económica europea del siglo XVII, lo cierto es que provocó el descontento de las clases menos favorecidas, que no dudaron en alzarse contra la Corona y provocar la caída del valido y de su acólito, don Rodrigo

Felipe III. El carácter pusilánime que se adivinaba en Felipe III hizo exclamar a su padre, Felipe II: "Dios que me ha dado tantos reinos me ha negado un hijo capaz de gobernarlos". Pintura ecuestre del monarca, por Diego Veláquez. Museo del Prado.

Calderón, en 1618. El monarca, entonces, recurrió a una hábil maniobra para contentar al pueblo y, con la excusa de una presunta confabulación palaciega, destituyó a Lerma, sustituyéndolo por su hijo, el duque de Uceda.

Por entonces estalló en Alemania lo que a la postre sería la guerra de los Treinta Años, que comenzó siendo una lucha entre católicos y protestantes alemanes y acabó en una lucha política europea entre la Casa de Austria y los enemigos de su poder. Felipe III no lo dudó y, por razones de parentesco e ideología, tomó resueltamente partido en favor del emperador Fernando II. Se rompió así la proverbial política pacifista de Felipe III, quien después de un siglo de guerras interminables había conseguido firmar la paz con Inglaterra en 1603 y con Francia en 1604 a la muerte de Enrique IV. Es más, ante la imposibilidad de concertar con los Países Bajos una paz que pasaba necesariamente por las pretensiones independentistas de los territorios flamencos, en 1609 se acordó la larga Tregua de los Doce Años con el objeto de lograr la recuperación de la paz moral y económica tras la sangría de la guerra de Flandes.

7.2. *Felipe IV*

Con Felipe IV y Carlos II concluyó la presencia en el trono español de la dinastía de los Habsburgo, consumándose la liquidación del Imperio. La célebre frase atribuida a Felipe II: «Dios, que me ha dado tantos reinos, me ha negado un hijo capaz

El duque de Lerma inicia la serie de los validos regios, un cargo ostentoso y omnipotente que le granjeó escasas simpatías.

de gobernarlos», se hizo realidad en la persona de su nieto Felipe IV, bondadoso, culto y manejable, y aún más en la de su bisnieto, Carlos II el Hechizado. Sin embargo, a cambio prácticamente de perder un Imperio, a ambos les cupo el honor de presidir el más honroso siglo que las artes y las letras españolas hayan contemplado jamás.

La crónica del siglo XVII español, que transcurre paralela a uno de los momentos de mayor esplendor de la cultura y el arte hispánicos de todos los tiempos, es la de una gran crisis económica y política, muy relacionada con el difícil momento que asoló la Europa barroca; la complejidad de la situación financiera y la crisis política que desataron especialmente los alzamientos de Cataluña y Portugal de 1640, dos revueltas que la implicación de otras potencias europeas transformó de guerra civil y revolución social en contienda internacional, ocasionando derrotas como la de Rocroi (1642), que puso fin a la hegemonía militar hispana. A partir de ese momento, la Paz de Westfalia (1648) primero y la de los Pirineos (1659) después no hicieron más que confirmar que había llegado el fin del esplendor de la dinastía. Carlos II, enfermizo y débil, hubo de traspasar a una nueva dinastía, la Borbón, los restos del naufragio imperial.

La depresión financiera y social que ya se anunciaba a finales del siglo XVI y que dio las primeras muestras de agravamiento en los primeros años del XVII afectó con especial intensidad a Castilla. Mucho tuvo que ver sin duda el brusco descenso de la demografía y el duro golpe que representó para el campo español la expulsión de los moriscos. La introducción de nuevos cultivos, como el maíz y la patata americanos, no alteró el marco tradicional de la economía agraria. La política de rígidas tasas con la que los poderes públicos intentaron combatir la creciente alza de precios solo consiguió agravar la dura situación económica y cotidiana del agricultor. En cuanto a la ganadería, conservó todos los privilegios que le concedía la Mesta. Y, lo que es más, la alianza entre la Corona y los grandes terratenientes ganaderos —en los que la monarquía buscaba un soporte económico seguro— llevó a la prohibición, en 1633, de nuevos acotamientos.

Pese a contar con el respaldo de la Corona, en el transcurso del siglo XVII, la aristocracia española supuso su fracaso como minoría dirigente y cedió su puesto al frente de los Consejos de Estado a la figura del valido o privado. Si Lerma y Uceda habían señalado, como veíamos, el camino de la privanza real durante el reinado de Felipe III, el conde-duque de Olivares, contando con la confianza plena de Felipe IV, acumuló en su persona todas las esferas del poder. Junto a esta alta aristocracia separada del poder —por más que lo ejerciera por persona interpuesta—, cerraron también filas los hidalgos castellanos, empeñados en la tenaz tarea de mantener su rango e inmunidad social en medio de una ruina económica absoluta.

Felipe IV (1621-1661) heredó el sistema de gobierno de su padre. El nuevo valido fue, como

Felipe IV de España, llamado, irónicamente, "el Grande" o "el rey Planeta" (1605-1665), fue rey de España desde marzo de 1621 hasta su muerte. Cuarenta y cuatro años en que se produjo la decadencia del Imperio, mientras él vivía en medio de la más desenfrenada vida sexual que imaginarse pueda.

decíamos, Gaspar de Guzmán, conde-duque de Olivares. De 1621 a 1643 fue árbitro de los destinos del país. Hombre de energía no despreciable, pero de acción política poco ágil, y en exceso soñador y ambicioso, no se dio cuenta de la realidad de España y pretendió resucitar el papel hegemónico que había desempeñado en Europa en tiempos de Felipe II. Así pues, tan pronto estalló en Alemania la guerra de los Treinta Años (1618), se puso al lado del bando católico e imperial; al finalizar la Tregua de los Doce Años, reanudó la guerra contra Holanda (1621); se enfrentó contra Inglaterra (1624); y en todas partes procuró contrarrestar la política de Francia. Acción de tal envergadura requería grandes recursos económicos, una administración eficiente y desinteresada y un ejército compacto, animado por un ideal coherente y dotado de buenos mandos; de todo lo cual carecía para entonces España. La decadencia económica de Castilla era total y el declive del comercio con América revelaba el colapso naval e industrial del país. La corrupción de la administración se había hecho endémica, y no podía hacer frente a las exigencias financieras y militares de la monarquía. Con el fin de obtener rápidos recursos, Olivares preconizó una política de centralización

Gaspar de Guzmán y Pimentel, conde-duque de Olivares y San Lúcar la Mayor, desarrolló su carrera política junto al rey Felipe IV, de quien fue su valido durante más de veinte años. Figura polémica, la historiografía actual ha destacado sus dotes de estadista empeñado en la unificación de los reinos hispánicos (Retrato pintado por Diego Velázquez; Museo del Prado, Madrid).

financiera y administrativa, la cual acabó provocando, en los momentos más críticos de la lucha, graves movimientos secesionistas en Portugal y Cataluña (1640).

El gran enemigo de Olivares fue Juan de Plessis, cardenal de Richelieu (1585-1642), hombre extremadamente cauto y sutil, que antes de lanzarse a aventuras bélicas, como hiciera el conde-duque en España, aumentó el poder de la monarquía y favoreció el desarrollo de la economía del país. Se captó la confianza, ya que no el respeto, de Luis XIII; deshizo las intrigas de sus émulos, aniquiló el poder político de los hugonotes y, sobre todo, tuvo la destreza y el acierto de brindarle a la nobleza gala, sometida a duras penas a la Corona, la oportunidad de participar en una empresa nacional: la guerra contra los Austrias. De ese modo, el aumento de la potencialidad francesa y la simultánea decadencia de España prepararon el cambio de signo en la hegemonía europea, que se registró a lo largo de la guerra de los Treinta Años, durante la cual los Estados europeos se vieron envueltos en la segunda de las luchas decisivas de la Edad Moderna (la primera correspondió a las guerras de Italia, a comienzos del siglo XVI). Como consecuencia de la misma, Francia arrebató a España la hegemonía militar y cultural sobre Europa, y, al mismo tiempo, aniquiló por dos siglos la potencia política del Imperio alemán.

La Paz de Westfalia (1648) suponía, en efecto, un giro radical en Europa. Alemania perdía todo influjo en el Continente al quedar dividida en un conjunto de Estados segregados, de hecho, de la autoridad imperial. Francia, que recibió los derechos sobre la región de Alsacia (germen de futuros conflictos y calamidades), fue la gran beneficiada. En Westfalia, España solo firmó un tratado reconociendo la independencia de Holanda, prosiguiendo su lucha con su vecina Francia. Tras la caída de Olivares, el nuevo valido fue Haro; en Francia fue Mazarino quien, a la muerte de Richelieu, actuó de primer ministro, otro genio de la política que, junto al genio militar de dos generales —Condé y Turena—, hizo claudicar a España, la cual, tras la derrota de Las Dunas (1658), agotada, pidió la paz. Por el Tratado de los Pirineos (1659), concertado en una isla del Bidasoa, España cedía a Francia el Rosellón y parte de la Cerdaña, el Artois y varias plazas de Flandes, Henao y Luxemburgo. El acuerdo incluía asimismo el compromiso matrimonial de la infanta María Teresa, hija de Felipe IV, con el rey Luis XIV de Francia, lo que, pese a la renuncia de esta a sus derechos a la Corona española, abría las puertas a la instauración de la dinastía Borbón en España. Por fortuna, en 1652, tras la rendición de Barcelona, se lograba la pacificación de Cataluña. Portugal, sin embargo, por culpa de la incuria de los gobernantes españoles, rompía definitivamente sus lazos con España y proclamaba la monarquía en la casa de Braganza.

7.3.   Carlos II: el final de un sueño

El reinado de Carlos II (1665-1700) fue uno de los períodos más aciagos de la historia de España. Heredero de los irreparables errores cometidos durante un siglo, el país estaba arruinado, decaído, mísero y despoblado. La grandeza del Imperio que aún sostenía acababa de doblegarlo. En la cumbre del poder, un monarca enfermo, una corte obscurantista y unos ministros corruptos. Los validos se sucedían —el padre Nithard, el aventurero Fernando de Valenzuela y el príncipe bastardo Juan José de Austria—, pero ninguno fue capaz de truncar la racha de desgracias que se abatían sobre el país

Solo en 1680 empezaron a notarse algunos signos de vida en el seno de tanto marasmo. Pero estos balbuceos, que anunciaban la recuperación del siglo XVIII, fueron insuficientes para salvar a la monarquía de los Austrias. La situación aún empeoró con la mayor edad del rey, de aspecto enfermizo y condenado a una muerte prematura. Franceses y austriacos formaron partidos antagónicos en la Corte de Madrid para recabar la sucesión de la Corona en sus candidatos. Luis XIV apoyaba al Gran Delfín, Luis, o a sus hijos, como nieto de Felipe IV; Leopoldo I, a Carlos de Austria, su segundo hijo, como derechohabiente de su esposa, la infanta Margarita de España. También había un tercer heredero, Fernando José de Baviera, nieto de esta última princesa. El problema adquirió alcance internacional, pues a toda Europa le interesaba que no se formara un nuevo bloque austroespañol, o bien otro, más amenazador aún, francoespañol. Para evitar esta amenaza, las potencias marítimas, Inglaterra y Holanda, propusieron repartir entre las naciones la colosal herencia española. Ante esta sombría perspectiva, Carlos II hizo testamento a favor de Fernando José de Baviera (1698), pero la

Retrato anónimo del rey Carlos II de Austria, conocido como "el Hechizado", hijo de Felipe IV y Mariana de Austria, su segunda mujer, que heredó las posesiones de la monarquía española a la edad de cuatro años. (Museo Lázaro Gardiano, Madrid).

prematura muerte del heredero provocó una nueva oleada de intrigas en Madrid. En el mismo lecho de muerte, Carlos II nombró heredero a Felipe de Borbón, segundo hijo del Gran Delfín de Francia (1700), con la intención de mantener la unidad del Imperio hispánico apoyada en las bayonetas del Rey Sol.

III

Historia, sociedad, cultura y arte en la primera mitad del siglo XVI

1. HISTORIA Y CULTURA

1.1. El modelo estatal de los Reyes Católicos

Mucho se ha insistido sobre el hecho de que los Reyes Católicos fueron los forjadores de la unidad nacional de España, pero tal afirmación conviene matizarla. Los dos grupos de territorios, los países de la Corona de Castilla y los de la Corona de Aragón (Aragón, Cataluña y Valencia), se encuentran simplemente asociados merced a la unión personal de sus soberanos. Desde ese momento, hay ciertamente una política y una diplomacia comunes, pero, fuera de eso, los dos Estados

Gonzalo Fernández de Córdoba, conocido con el sobrenombre de "Gran capitán", empezó a ganar fama como militar en la guerra de Granada, pero la completó de modo definitivo en las campañas realizadas en Italia contra los franceses y que valieron a España extensos territorios en aquella península.

conservan sus peculiaridades, sus leyes, sus instituciones y sus costumbres. Las conquistas exteriores se atribuyen, a su vez, a uno de los Estados miembros: las Indias, Granada y Navarra se incorporan a la Corona de Castilla; y Nápoles a la Corona de Aragón. Más que una unidad nacional en sentido moderno, conviene, pues, hablar de una doble monarquía, de una etapa en la vía de la añorada unificación (unificación que no existirá *de facto* hasta la llegada de los Borbones).

Los dos soberanos, los dos Estados, por lo demás, no se encuentran en un plano de igualdad. Por derecho, Isabel es reina de Castilla; Fernando, rey de Aragón. Isabel, desde el primer momento, procuró disipar cualquier posible equívoco, como se puede apreciar en tres documentos: el contrato matrimonial del 7 de marzo de 1469, concretamente, si bien otorgaba a Fernando prerrogativas importantes, estipulaba formalmente que el poder supremo pertenecía a Isabel, reina de Castilla; la Proclamación de Segovia del 13 de diciembre de 1474 declarará a Isabel «reina y propietaria» del reino, quedando Fernando reducido al rango de príncipe consorte, con la consiguiente decepción del partido aragonés y del propio Fernando; al objeto de calmar tales recelos, se elaborará, el 15 de enero de 1475, la Concordia de Segovia, designada oficialmente bajo el título de acuerdo para el gobierno del reino: todos los documentos oficiales serían redactados en nombre del rey y de la reina.

1.2. Cristalización del ideal nacional

Repetidas veces, durante los siglos medievales, se había manifestado la intención de reducir a unidad los varios reinos de España, ya por la hegemonía de uno de ellos, cuyo soberano tomaba el título de emperador, ya por enlaces matrimoniales. Este propósito se facilitó a mediados del siglo xv merced al matrimonio de Isabel de Castilla y Fernando de Aragón. La política de ambos, condensando con gran energía e intensidad tendencias anteriores, fija el rumbo del Estado, y por consiguiente de la

El nombre de fray Tomás de Torquemada está íntimamente
vinculado a la Inquisición, pues aunque no fue su fundador,
ejerció durante quince años la dirección de la misma. En el
año 1483 fue nombrado inquisidor general de Castilla y de la
Corona de Aragón, y, a partir de entonces, inició una rigurosa
campaña de depuración religiosa en el reino, que toparía
a menudo con la resistencia papal. Litografía. Biblioteca
Nacional. Madrid.

nación, en dos direcciones: **imperialismo**, o sea,
espíritu de dominación y preponderancia internacional, y **unidad religiosa.** Por algunos siglos estos
fueron los dos ideales predominantes en los elementos directores de España y en el orden social y político. El primero lo procuraron los Reyes Católicos
mediante enlaces matrimoniales, casando a sus
hijos con las familias regias de Europa (Portugal,
Austria, Francia, Inglaterra), y por la conquista
(Granada, África, Italia, América), oponiéndose,
especialmente en Europa, a las ambiciones de
Francia; el segundo, mediante la expulsión de los

judíos (1492), la conversión forzosa de los mudéjares o moriscos de Castilla, Granada, Navarra y Vascongadas (1502), y el establecimiento en todos los reinos de la Inquisición, tribunal religioso particularmente dedicado a descubrir y perseguir las herejías de los nuevamente convertidos, de cuya fe se desconfiaba.

Por lo demás, los Reyes Católicos modernizaron el Estado: crearon un ejército nacional, dieron carácter de policía estatal a las Hermandades, adjudicaron los maestrazgos de las órdenes militares a la Corona, limitaron la riqueza y el poder de nobles y altos jerarcas de la Iglesia, sostuvieron frente a Roma el derecho a nombrar a las altas dignidades eclesiásticas; dieron comienzo a la creación del Imperio español, que culminó con el descubrimiento (1492) y la conquista de América; y sentaron las bases de la hegemonía política y militar de España en Europa. Finalmente, y con miras a poner fin a la inseguridad generada por la atomización del poder en la sociedad medieval, regida por reyes, nobles y señores, y de garantizar el orden necesario para la actividad económica, Isabel y Fernando se aliaron a la burguesía, el estamento más activo, y de su acuerdo y cooperación nacería el nuevo orden de las monarquías absolutistas, sistema político que se mantendría vigente en Europa entre el Renacimiento y la Revolución liberal-burguesa de finales del siglo XVIII y comienzos del XIX.

1.3. Organización política de España durante el siglo XVI. Hegemonía castellana

Carlos I y Felipe II prosiguieron las reformas políticas de los Reyes Católicos, encaminadas a robustecer la monarquía absoluta. Sin embargo, no se suprimió ninguna de las antiguas instituciones de cada país (Cortes, Diputaciones, Generalidad, etc.), por más que cada vez fueran teniendo menos importancia. Para gobernar cada uno de los reinos que formaban el Imperio español, se nombró, como veremos, a unos **virreyes** o **gobernadores**, que representaban al rey y que eran nombrados por él. Durante la época imperial, el centro de gravedad de España fue Castilla. La casi totalidad de los gobernadores, así como los grandes capitanes, almirantes, conquistadores, e incluso de los artistas, sabios y hombres de letras, pertenecieron a la antigua Corona castellana (extremeños, andaluces, etc.). España fue gobernada desde Castilla y el espíritu castellano se impuso en los distintos aspectos de la vida.

El poder del rey era absoluto y ninguna autoridad podía limitarlo. Pero el soberano debía ser fiel a las leyes y, al empezar su reinado, debía jurar respeto a los fueros y costumbres de cada reino. Carlos I y Felipe II ejercieron el poder por sí mismos. Pero sus sucesores, como vimos, lo abandonaron en manos de ministros (**validos** o **privados**). Cuando el rey estaba ausente de España, gobernaba en su nombre un **gobernador general**, que solía ser una persona de la familia real. La emperatriz **Isabel de Portugal** gobernó España durante las prolongadas ausencias de su esposo, Carlos I.

El duque de Alba. Nombrado gobernador de Flandes después de haber desempeñado el cargo de virrey de Nápoles, implantó un gobierno autoritario y represivo que tiñó de sangre las relaciones hispano-flamencas. El duque de Alba, óleo sobre lienzo de Tiziano. Palacio de Liria, Madrid.

Para regir un Imperio tan extenso fue preciso ampliar la organización de los **Consejos** creados por los Reyes Católicos. Cada Consejo estaba formado por unas cuantas personas versadas en los asuntos de su competencia, y había un Consejo para cada reino o asuntos principales (**Consejo de Indias**, **de Aragón**, **de Flandes**, **de Italia**, **de Inquisición**, **de Órdenes Militares**, **de Guerra**, etc.). Pero los principales eran el **Consejo de Estado**, que se ocupaba de las relaciones con los países extranjeros (hacer la paz y la guerra, nombrar embajadores, etc.), y el **Consejo Real** o **de Castilla**, que, además de ser tribunal supremo, entendía en los asuntos de gran importancia. Los consejeros residieron en Valladolid y Toledo hasta que Felipe II los trasladó a Madrid en 1561, desde entonces capital de España.

En esa época empiezan a adquirir importancia los **secretarios**, encargados de las **cancillerías** o consejeros del rey, que despachaban con él los asuntos de gobierno. Eran personas letradas de la clase noble o media, y gozaban de la plena confianza del monarca.

El gran instrumento del Imperio fue el **ejército**. Carlos I y Felipe II continuaron su organización, empezada por los Reyes Católicos. La unidad del ejército era el **tercio**, grupo de 3 000 infantes, mandado por un **maestre de campo**. Los aguerridos tercios españoles fueron temidos en toda

Don Juan de Austria (col. Duque de Alba, Madrid) fue el triunfo que el "partido" de la transigencia (Éboli, Antonio Pérez) jugó contra los crueles métodos del duque de Alba. Creía en la imposibilidad de solucionar el problema de los Países Bajos por vía militar. Una enfermedad le causó la muerte cuando estaba sitiando a Bouge.

Europa. Entre los más prestigiosos generales españoles sobresalen el **duque de Alba** (1507-1582), vencedor en Mülhberg, en Flandes y en Portugal; **Juan de Austria** (1547-1578), el héroe de Lepanto; y, sobre todo, **Alejandro Farnesio** (1545-1596), uno de los militares más geniales de su tiempo.

La **marina de guerra** tuvo, asimismo, la importancia que correspondía a un Imperio tan potente, y fue, en el siglo XVI, la más poderosa del mundo. El mejor almirante español de esta época fue **Álvaro de Bazán, marqués de Santa Cruz**.

El Estado, cada vez más complicado, exigía una legislación copiosa. Con el objeto de facilitar el manejo de las leyes, Felipe II mandó reunir todas las de Castilla que se habían promulgado desde el Ordenamiento de Montalvo en un código llamado *Nueva Recopilación* (1567). Las **leyes** o los **fueros** de los demás reinos también fueron recopilados. La administración de justicia se perfeccionó con la creación de tres nuevas **Chancillerías** (Sevilla, Canarias y Mallorca), además de la **Audiencia Real de Aragón**, en Zaragoza.

Contra lo que podría suponerse tratándose de un Estado tan poderoso, la **Hacienda imperial** no fue nunca próspera y su situación empeoró cada vez más a causa de los enormes gastos ocasionados por las continuas guerras y demás circunstancias. El emperador se vio repentinamente obligado a pedir dinero a banqueros extranjeros, como los **Welser** o los **Fugger**, y Felipe II afirmaba que no sabía un día de qué tenía que vivir al siguiente. Para hacer frente a las múltiples necesidades, los

Don Álvaro de Bazán, primer marqués de Santa Cruz (Museo Naval, Madrid). En la batalla de Lepanto estuvo al mando de las treinta galeras de la reserva, con las cuales acudía a los puntos más comprometidos en el combate. Intervino en las campañas del Mediterráneo y Norte de África y tomó parte en la ocupación de Portugal. Murió, para la desgracia de España, antes de que tomara el mando de la "Invencible".

reyes tuvieron que aumentar los antiguos impuestos y crear otros nuevos. Además de los **servicios** ordinarios o extraordinarios que votaban las Cortes en ciertos casos, las principales fuentes de ingresos para la Hacienda eran las contribuciones llamadas **alcabalas** (10 por ciento sobre las operaciones de compraventa); los impuestos de **millones** sobre la carne, el vino, los aceites y otros artículos; el **estanco del tabaco y de la sal**, y muchos más. El impuesto estaba mal repartido, igual que en todos los países en esta época.

La **agricultura** en España no prosperó al compás de la de otros países. Carlos I y Felipe II emprendieron la construcción de importantes obras de regadío (canales, acequias, presas, etc.); a pesar de ello, la producción agrícola fue disminuyendo en el transcurso del siglo. La **ganadería lanar**, muy protegida por el Gobierno, era la primera del mundo, y la exportación de lanas seguía constituyendo la principal fuente de ingresos. En cuanto a la **industria,** progresó mucho la de **paños de lana**, a causa de la demanda de Indias. Sevilla, Toledo, Cuenca, Segovia, Valladolid, Zamora, Valencia, Barcelona, etc. eran relevantes focos textiles, y hasta en los pueblos rurales (sierras de Segovia, Cáceres, Cuenca, etc.) fue preciso montar telares para atender a tanta demanda. De todos modos, se trataba de una manufactura de tipo artesano, y no llegó a alcanzar la importancia de las de Inglaterra, Flandes, Lombardía y otros países. Otras industrias importantes eran las de **armas** y **orfebrería** (Toledo, Burgos, Sevilla, etc.), la de **cerámica** (Talavera) y la de **vidrios** (Barcelona).

La España del siglo xvi fue sin duda una gran **potencia económica**, si bien en este aspecto distó mucho de ostentar la hegemonía mundial. A principios de siglo, la Península contaba con unos diez millones de habitantes y era el Estado más poblado de Europa, después de Francia, pero esta población disminuyó en lugar de aumentar.

La colonización americana desarrolló un comercio intensísimo con las Indias, y la **marina mercante** del siglo xvi era la primera del mundo, después de Holanda. Pero la poca disposición de los españoles para el comercio hizo que gran parte de este tráfico cayera en manos de extranjeros.

Sevilla, exclusiva beneficiaria del comercio americano, se convirtió en una de las mayores ciudades del mundo, mientras que en los puertos del Cantábrico, Bilbao, sobre todo, se desarrollaba un activo comercio de exportación de lana a Flandes; este tráfico era dirigido desde Burgos por una gran oficina central (**consulado**). En cambio, las urbes mediterráneas medievales, Barcelona, Valencia y Palma, decayeron por la competencia de Marsella y Génova, el descubrimiento de América y las piraterías del islam. El **comercio interior**, por su parte, fue muy activo y protegido por el Gobierno. Las **ferias de Sevilla**, **Medina del Campo** y **Medina de Rioseco** (**la India chica**) fueron muy célebres.

1.4. Carlos V y la forja de un Imperio

Carlos de Austria, rey de España desde 1516, fue elegido emperador por los príncipes electores alemanes en 1519 en competencia con Francisco I de Francia, que durante su vida fue su más cualificado rival. Por su nueva dignidad y sus extensas posesiones en Europa, Carlos V de Alemania y I de España ejerció, de hecho, una verdadera hegemonía en el centro y occidente de Europa. Su canciller Gattinara lo animaba a que convirtiera el Imperio en un verdadero Imperio universal. A este grandioso proyecto se opusieron desde el principio Francia, cuyo rey Francisco I no podía tolerar la hegemonía del emperador en Italia ni tampoco que su país siguiese rodeado de posesiones enemigas; los turcos, que en esa época avanzaban imperiosamente por los Balcanes y el

Mediterráneo bajo Solimán el Magnífico, amenazando con acabar con la civilización cristiana; y, por último, los príncipes protestantes alemanes, seguidores de las doctrinas religiosas que predicaba Lutero, los cuales no querían estar sometidos a un **emperador** católico y autoritario. De este modo, Carlos, hombre de natural pacífico y contemporizador, tuvo que pasar su reinado en perennes luchas para defender la integridad de su Imperio, hasta que, enfermo, agotado y desengañado, fue abdicando sus reinos en su hijo Felipe II (primero Milán y Nápoles, en 1554; después los Países Bajos, en 1555; y, finalmente, España y las Indias, en 1556), y se retiró al monasterio de Yuste, donde vivió dos años más. En aquella última fecha renunció asimismo al Imperio alemán, para el que fue elegido su hermano Fernando.

1.5. Organización política del Nuevo Mundo

España trasplantó a América su propia organización política. Para dirigir todas las cuestiones relacionadas con el Nuevo Mundo, Carlos I creó el **Consejo de Indias** (1524). De él dependían los dos **virreyes** (uno en América del Norte y Antillas, **Nueva España,** y otro en América del Sur, el **Perú**), que eran los representantes del rey en América y tenían la máxima autoridad. Sin embargo, el Consejo vigilaba su actuación por medio de una especie de jueces llamados **visitadores**.

Para la administración de la justicia se crearon las **Audiencias** (tribunales), de las que había varias en cada virreinato. Los territorios que dependían

Sevilla en el siglo XVI. Sánchez Coello. La ciudad alcanza su mayor auge a partir de la creación de la Casa de Contratación de las Indias (1503) y pasó de 70.000 habitantes en 1500 a 150.000 en 1588.

de cada Audiencia acabarían siendo la base de las actuales naciones americanas (p. ej.: Audiencia de Quito: Ecuador; de Bogotá: Colombia, etc.).

Detrás de los descubridores, conquistadores y misioneros, llegaron a América los gobernantes y administradores de todas las categorías, desde los **virreyes** a los simples **escribanos**. De la labor de estos hombres dependió la realización de la obra que España llevó a cabo en América. Prescindiendo de una minoría de funcionarios prevaricadores, ineptos o crueles, la mayoría de los dirigentes coloniales fueron hombres rectos, activos y dotados de un alto sentido de su deber. Entre los virreyes destacaron, por su labor, Antonio de Mendoza (1536-1550), Luis de Velasco padre (1550-1564) y Luis de Velasco hijo (1590-1595 y 1607-1611) en Nueva España, y Andrés Hurtado de Mendoza

(1553-1561), Francisco de Toledo (1569-1581) y el marqués de Esquilache (1615-1621) en el Perú.

América proporcionó grandes cantidades de oro y plata (sobre todo en las minas del Perú y Méjico). Pero la verdadera riqueza de América la generaron los colonizadores llevando allí los productos de España (trigo, arroz, caña de azúcar, cebada, olivo, vid, frutales, vacas, cerdos y ovejas, aves de corral, caballos y asnos, etc.), muchos de los cuales son hoy el principal medio de vida de las naciones americanas; sus útiles de trabajo y su maquinaria agrícola e industrial; y su propio trabajo, cultivando extensos terrenos antes improductivos.

El comercio en América fue concebido al principio como un monopolio de la monarquía y luego de los naturales de la Corona castellana; para controlar mejor los impuestos del Estado sobre las mercancías, todo el tráfico fue centralizado en el puerto de Sevilla y en dos o tres puertos de América. Este sistema dio lugar a un intenso contrabando.

La **Casa de Contratación** era la gran oficina que los Reyes Católicos fundaron en Sevilla (1503) para dirigir todo el tráfico de América. Más tarde fue también un centro de enseñanzas náuticas donde se expedía el título de piloto y se fabricaban mapas e instrumentos necesarios para la navegación.

Para hacer frente a la piratería extranjera, se estableció, en 1543, el **sistema de flotas**. Todos los barcos debían concentrarse en Sevilla para salir reunidos en una gran flota una vez al año. Al llegar al Caribe, la flota se bifurcaba en dos: una hacia Méjico (Veracruz) y otra hacia Portobelo y Cartagena de Indias. Más tarde, estas dos flotas salieron separadas de España, una en abril y otra en agosto. A la llegada de las flotas tenían lugar grandes ferias en los tres puertos citados, o, a su regreso, en Sevilla. Desde ellos, las mercancías se desparramaban por el oeste de América. Las destinadas al Perú cruzaban el istmo en caballerías hasta Panamá. Allí embarcaban en otra flota rumbo al Perú.

España, por lo demás, llevó a América su propia cultura, fundando universidades y colegios, estableciendo la imprenta, edificando catedrales, hospicios y hasta centros para la educación de los indios, como el **Colegio de Michoacán**. La primera universidad española del Nuevo Mundo, la de **Santo Domingo**, se fundó en 1583. Más tarde alcanzaron justo renombre las de **Méjico** y **Lima**, así como la Universidad Dominica de Santo Tomás en Manila (1648). La arquitectura española en Indias (**arte colonial**) sirve todavía hoy día de modelo a muchos edificios.

Pronto los españoles nacidos en América (**criollos**) dieron distinguidos cultivadores de las ciencias y de las letras, como el **inca Garcilaso**, eminente historiador, hijo de un español y de una prima de Atahualpa; **sor Juana Inés de la Cruz** (1651-1691), poetisa peruana; y el dramaturgo **Ruiz de Alarcón**, mejicano (1581-1639); y santos de vida ejemplar como **santa Rosa de Lima** (1586-1617).

A la conquista del Nuevo Mundo siguió, en la segunda mitad del siglo XVI, un meticuloso plan político-administrativo. Este consistía, esencialmente, en la instauración de gobiernos, que recaían en los jefes de las empresas expedicionarias, y en la creación de Audiencias en las que se aplicaba la ley de la metrópoli. Se organizó una estructura perfectamente controlada desde Europa con la creación de virreinatos, la creación del Consejo de Indias y la codificación del Derecho Indiano a cargo del jurista Ovando. La estructura social se basaba en la coexistencia de dos comunidades étnicas y culturales: los indios y los españoles. Los primeros —destruida su organización social por la conquista— quedaron adscritos a la tierra y al desempeño de los trabajos más ínfimos, conformando en siglos posteriores un proletariado rural característico. Al mismo tiempo, los conquistadores pugnaban por desempeñar un papel cercano al de la nobleza metropolitana, si bien la continua presencia de representantes de la autoridad real frustraba las aspiraciones políticas de los recién llegados. Importantísima fue la labor de las misiones, que no solo evangelizaron, sino que también ejercieron una importante tarea intelectual de formación de la clase indígena y desarrollaron una ferviente defensa de los indios, de los que había llegado a cuestionarse incluso su condición humana. Los colonos españoles, sin embargo, no tuvieron necesidad ni reparo en mezclarse con la población autóctona. Fueron frecuentes los matrimonios mixtos, que dieron lugar a un importante mestizaje tanto entre indios y españoles como entre la población negra —llegada a América desde África como esclavos— e india (zambos), o entre europeos y africanos (mulatos). Hacia 1570, el 96 % de la población de Latinoamérica era amerindia. La economía de los países americanos experimentó una rápida transformación. Los animales domésticos europeos se adaptaron pronto al medio, mientras que la agricultura tardó más en evolucionar hacia el cultivo de las especies europeas. La minería, por su parte, alcanzó una importancia extraordinaria, y el oro y la plata de las Indias convulsionaron la economía mundial gracias a la extraordinaria producción de yacimientos como las minas de plata de Potosí.

1.6. *Felipe II: la plenitud imperial*

Felipe II, con sus aciertos y sus yerros, representó la plenitud imperial e hizo frente al protestantismo. Dotó de estabilidad a los dominios americanos. Pero la miseria atenazaba a España y el declive de su poder se presagiaba en el horizonte.

La monarquía católica personificada por Felipe II se erigió en la principal defensora de la cristiandad. La primera etapa de su reinado resultó realmente afortunada. A las riendas del Imperio más grande jamás visto hasta entonces, y cuyos destinos regía el monarca desde su reclusión en El Escorial, firmó la paz de Cateau-Cambrésis, que daba un respiro a su encarnizada rivalidad con

Francia; venció al poder otomano en Lepanto, conteniendo su imparable avance; y cumplió el sueño de la unidad peninsular, ciñéndose la corona de Portugal, anexionándose sus inmensas posesiones en Brasil, África y la India, de manera que los barcos españoles, a partir de entonces, dominaron, además del Mediterráneo, los océanos Atlántico, Pacífico e Índico.

Convencido de que Dios le encomendaba la misión de defensor de la cristiandad, se dedicó a ella considerándose un «servidor de su pueblo», al que debía gobernar con justicia y defender de sus enemigos. Aquel hombre, que solo se fiaba de los papeles escritos, administró todo un mundo sin apenas moverse de El Escorial, en la permanente preocupación de responder a las exigencias de una estricta moral. Así, no tomaba decisión alguna sin asegurarse de que cumplía bien estos preceptos, y problemas importantes como la guerra de los Países Bajos o la sucesión al trono de Portugal estuvieron decididos por el consejo y la opinión de los clérigos que le rodeaban.

El hecho decisivo que condicionó la trayectoria española a lo largo y ancho del siglo XVII fue la crisis religiosa, que motivaría la escisión de Europa en dos bandos: el católico y el protestante. Durante la época de Carlos I se confió en zanjar mediante el diálogo las discrepancias entre ambos bandos, para así lograr la reunificación cristiana en el seno de una Iglesia reformada. Pero las tentativas del emperador y del humanismo erasmista fracasaron con la radicalización de posiciones. El protestantismo fue adaptado a la mentalidad capitalista y burguesa por el francés Calvino, mientras el catolicismo sintetizaba la tradición cristiana y las conquistas del humanismo por obra del español Ignacio de Loyola. El Concilio de Trento, inaugurado en 1545 con la esperanza de lograr la ansiada unificación cristiana, se clausuró en 1563, cuando ya el abismo se había hecho insondable y comenzaban las guerras de religión. Ello ratificaba el fracaso del imperio universal de Carlos I, cuyo sentido integrador, supranacional, era incompatible, por otra parte, con el despliegue del individualismo renacentista, plasmado en la fragmentación religiosa y el particularismo político.

Con las guerras de religión de la segunda mitad del siglo XVI, Felipe II se vio obligado a replegarse en la fortaleza hispánica para acaudillar, por su posición hegemónica, el bloque católico, mientras los intelectuales informaban, con el neoescolasticismo, la Reforma católica. En 1580, una coyuntura propicia, la muerte del rey Sebastián en lucha con los musulmanes del norte de África, facilitaba la unidad ibérica, con la incorporación de Portugal a la corona de Felipe II. Esa fecha, 1580, representará la culminación de la hegemonía española en el mundo tras doce años de esfuerzos denodados. Entre 1568 y 1572, Felipe II y sus aliados lograban apuntarse éxitos espectaculares: en el Mediterráneo, la victoria naval de Lepanto; en Flandes, los triunfos del duque de Alba; en Francia, la sangrienta matanza de hugonotes (sin que nadie pueda hacer responsable de

Francesco Petrarca (1304-1374) es una de las figuras claves
de la literatura universal a caballo entre la Edad Media y el
Renacimiento.

ella al monarca español) en la llamada noche de
San Bartolomé. De 1572 a 1580, la situación
permanece estacionaria; sin embargo, tal como
decíamos, de 1580 al final del reinado de Felipe II
el Imperio conocerá sus primeros retrocesos (desastre de la Invencible, coalición de Greenwich, Paz
de Vervins). Para entonces empezaban a hacerse
notar en España las lamentables consecuencias de
un proceso iniciado con la Contrarreforma, dado
que la necesidad de cerrar filas para afrontar el
desafío del calvinismo hizo que Felipe II adop-
tara una serie de medidas encaminadas a lograr
la impermeabilización ideológica del país, que
lamentablemente ahondaría las diferencias entre
España y el resto del Occidente europeo, más o

menos moldeado por el Renacimiento crítico y la Reforma protestante.

2. Renacimiento y humanismo

Un vitalismo extraordinario conmueve la Europa Occidental de finales del siglo xv. Dentro de su ámbito de trabajo, el hombre parece otro hombre distinto. Como si naciera un nuevo tipo de monarca, un nuevo tipo de comerciante, un nuevo tipo de artista. Algo común parece encontrarse en el fondo de todo ello. Quizás una nueva concepción de la vida. Los coetáneos se dieron cuenta y lo hicieron constar orgullosamente. Tan extraordinario fue el trabajo del hombre en todos los ámbitos que llegaron a creerlo todo nuevo. Como si un profundo corte los separara de la Edad Media, oscura y pobre, donde lo gótico era un símbolo de barbarismo.

A mediados del xvi, el ciudadano europeo tiene la certidumbre de haber dado en unos decenios un paso de gigante. El mundo se había refinado, la cultura y el arte habían alcanzado niveles como antes jamás se había soñado. Se había superado una edad oscura —que se empezó a denominar gótica— y se iniciaba un renacimiento, término que se ha conservado para indicar la época de intensa actividad cultural y científica, social y económica con que se inaugura la Edad Moderna en la Europa Occidental.

Entre 1490 y 1560, en efecto, se desarrolló en Italia el fenómeno cultural conocido con el nombre de **Renacimiento**, caracterizado por una intensa devoción hacia el estudio del pensamiento grecorromano, cuyos ideales y vida se procuraron imitar. La ruptura consciente con la Edad Media es vivamente sentida; el hombre europeo, y más concretamente el italiano, creyó haber resuelto el problema de su actividad intelectual con la vuelta a los ideales clásicos, indicios que se consideraron dignos de atención por los espíritus selectos.

El Renacimiento, por lo demás, no fue un fenómeno exclusivo del siglo XVI, aunque alcance en ese tiempo su definitiva formulación. La presencia de la Antigüedad estuvo siempre patente en Italia. El descubrimiento de esculturas y medallas fue una constante remembranza de la antigua grandeza romana, y sobre este abonado terreno actuó la legión de sabios, artistas y literatos bizantinos llegados a Italia tras la caída de Constantinopla. Pero entiéndase esto no como fundamental, sino como un simple episodio que refuerza el sentimiento latente. Por otra parte, Italia, aunque dividida y fraccionada políticamente, conoció, gracias al comercio con Oriente, una época de gran prosperidad, con el consiguiente aumento de la riqueza pública. Habían pasado los años de las luchas entre el pontificado y el Imperio, y se habían afianzado en las diversas ciudades regímenes políticos, muchas veces dictatoriales, que buscaban su justificación en la realización de grandes monumentos y en el mecenazgo a literatos y artistas. Estas pequeñas pero opulentas cortes de los príncipes renacentistas y, de manera especial, el mecenazgo pontificio y de algunas familias, como los Médicis en Florencia y los Sforza en Milán, influyeron decisivamente en la formación del nuevo arte oficial, dotado de gran fuerza expansiva.

El Renacimiento es uno de los más grandes fenómenos de la cultura, que da un paso de gigante hacia la modernidad y actividad europea. Las notas distintivas del ámbito renacentista radican en el hombre como señor y dueño del mundo, liberado desde los siglos XII y XIII de la antigua pesadilla guerrera. La aparición del capitalismo con un espíritu de empresa es factor fundamental en la evolución política y social, dando lugar, en forzada situación, a la «economía nacional» y, consiguientemente, a un «Estado como forma autoritaria». Por otro lado, este capitalismo organizado liquida la norma gremial fragmentarista, pasando al Estado la misión proteccionista, amplia, que antes intentaron, parcialmente, los gremios. Visto de ese modo, el Renacimiento arrancaría del siglo XII, y su tremenda transformación se va afirmando con una serie de notas hasta el XV; alcanza la madurez institucional en el XVI. Esas instituciones, ya radicalmente distintas y contrapuestas al Medievo, son el capitalismo, las monarquías nacionales y absolutistas, el desarrollo científico y las nuevas Iglesias. Como atmósfera envolvente, la veneración por el mundo pagano.

Hoy día nos parece claro que no hubo tal revolución brusca, y que este movimiento vital nuevo que se plasma en el pensamiento religioso, en la economía, en los descubrimientos, en el arte, en la sociedad, y que llamamos Renacimiento, se habría estado fraguando paulatinamente en las ciudades bajomedievales. Una serie de circunstancias precipitaron sus frutos en Italia y los Países Bajos. Pero esta mentalidad nueva que inclina al hombre hacia sí mismo y hacia cuanto le rodea, que despierta su curiosidad por todas las cosas, que le hace apreciar la vida y le brinda la oportunidad de vivirla personalmente, que le convierte, en una palabra, en el centro de la creación —antropocentrismo— se puede rastrear perfectamente ya en el siglo XIV.

El hallazgo de los antiguos escritores grecorromanos en las bibliotecas abaciales despertó un mundo que había tenido los mismos ideales de personalidad y belleza, donde el hombre había estructurado este antropocentrismo y creado un armónico equilibrio de formas y pensamientos. La vuelta a la Antigüedad clásica aparece como el ideal del momento. Los intelectuales de esta tendencia serán los humanistas.

El **humanismo** fue, en principio, la faceta filosófico-literaria del movimiento Renacentista, su base intelectual. En un sentido más amplio, fue el espíritu de estimación hacia el hombre que impregna el pensamiento y las obras de arte del Renacimiento.

Adivinando el Mundo Antiguo, el humanista fue, en principio, un erudito. Hay una labor previa de búsqueda, recopilación y comentario de la máxima bibliografía grecorromana posible. Latín y griego eran instrumentos indispensables que el humanista debía dominar. Pero esto era solo el medio de justificar un pensamiento. El humanista buscó en los antiguos, además de la belleza, su mismo amor por la vida, su confianza en la vida y en la importancia del hombre, su fe en el progreso, su misma admiración por la naturaleza.

Los humanistas actualizaron el principio de que «el hombre es la medida de todas las cosas, de las existentes y de las no existentes» (Protágoras), y, como resultado de ello, el teocentrismo medieval entró en crisis en beneficio del antropocentrismo. El hombre moderno confiará en la capacidad de su razón y de su libre voluntad para transformar la realidad, para mejorar y perfeccionar la sociedad y para organizar su propio futuro. Se percibía a sí mismo como un microcosmo en el centro del universo, y diferenció entre teología y filosofía como ámbitos independientes de la actividad intelectual. Lo humano se situó, pues, al lado de lo religioso como objeto de debate intelectual, lo que no se tradujo, sin embargo, en la descristianización de la sociedad, que permaneció vinculada al orden de valores del Evangelio. La humanidad moderna trató, por lo demás, de mantener una relación más directa y personal con Dios; humanizó e interiorizó la religión, la interpretó a través de la razón y la sometió a reflexión y crítica, incurriendo, en ocasiones, en herejía. Racionalismo, relativismo, escepticismo, empirismo y creencia en la universalidad e independencia de las leyes físicas se erigieron en los fundamentos del método científico y en instrumento de conocimiento. Las teorías demostradas empíricamente comenzaron a desterrar a las basadas en ideas apriorísticas y pudo así gestarse la tradición racionalista que culminaría en la Ilustración, en la revolución científica del siglo XIX y en la científico-tecnológica de nuestros días.

Un descubrimiento medieval, la **imprenta** —en 1436, en Maguncia, Gutenberg fundía las primeras letras en metal—, facilitó al humanista la labor de erudición y permitió dar a conocer sus propias ideas con una amplitud insospechada. El libro fue la base del humanismo. A principios del siglo XVI, Johannes Froben en Basilea, Henri Estienne en París, Aldo Manuccio en Venecia y Christophe Plantin en Amberes editaron los clásicos y dieron a conocer las nuevas tendencias. El humanismo consiguió con ella una difusión paralela en todo el Occidente europeo.

Italia ha venido figurando como el centro más importante de esta nueva mentalidad, aunque no

Johannes Gutenberg (1400-1468), orfebre alemán, inventor, hacia 1450, de la imprenta moderna con tipos móviles.

el único, como se creyó en principio. Una serie de circunstancias la favorecieron: como cuna del mundo romano, conservaba innumerables vestigios de aquel mundo en sus ciudades y en el campo; el goticismo medieval había tenido escaso éxito, mientras que un desarrollo económico extraordinario posibilitó la creación de una serie de pequeños Estados dominados por una burguesía o nobleza refinada e intelectualizante —Médicis en Florencia, Visconti y Sforza en Milán, Gonzaga en Mantua, Este en Ferrara— que propicio el mecenazgo. Todo un ambiente que se desarrolló de modo brusco a través de los contactos del comercio italiano con Oriente y de la llegada de eruditos bizantinos ante el peligro turco. Desde 1396, Manuel Crisolaras enseñó griego en Florencia, y los intelectuales italianos (Filelfo, Guarino) visitaron Constantinopla, de donde regresaron cargados de manuscritos clásicos.

Fuera de Italia, el humanismo europeo gira alrededor de la figura de **Erasmo**. Nacido en Rotterdam (1466), aunque difícilmente canonizable —estancias en París, Londres, Venecia y, sobre todo, Basilea—, monje y canónigo, fue un espíritu europeo que introdujo en el humanismo toda la problemática del momento, que estallaría con Lutero a partir de 1517. Su labor erudita al editar el Nuevo Testamento y su apoyo a Reuchlin en la disputa con la Inquisición alemana sobre la libre interpretación de la Biblia están en la línea del reformismo protestante, al que, sin embargo, no se adherirá a pesar de la dura crítica que contra

Erasmo de Rotterdan (1469-1536) en un retrato de Hans Holbein el joven. Erasmo fue un perfecto representante de su época. Su racionalismo humanista y sus discutidas ideas religiosas, que muchos calificaron de heréticas, reflejan la inquietud cultural del Renacimiento. El erasmismo ejerció una profunda influencia en España.

las costumbres y la Iglesia encierra su obra fundamental *Elogio de la locura* (1511). Otras obras de Erasmo (*Enchiridion*, los *Coloquios*) representaron un esfuerzo importante en la divulgación de la mentalidad humanista cristiana, en la que la moral personal y social ejerce un papel más importante que el dogma teológico y en la que la figura de Cristo adquiere una dimensión más humana y razonable, más al alcance de un diálogo místico,

El paso del manuscrito al libro impreso no es el cambio de una artesanía por otra, sino el paso de la unidad a la multiplicidad. El trabajo del copista se reproduce mecánicamente y cuantos más ejemplares se impriman tanto más barato resulta el libro. La imprenta supone, pues, la primera democratización del saber. Imprenta del siglo XVI.

planteado todo con un espíritu libre y abierto que choca inmediatamente con el rigorismo teológico de la Iglesia. Por otra parte, sus estudios de filología latina y su abundante correspondencia con la intelectualidad europea del momento le proporcionaron gran prestigio.

La irradiación del humanismo italiano en Castilla y Aragón, aunque se inicia a mediados del siglo XV, se acentuaría notablemente a lo largo del XVI. Verdaderos soberanos de su tiempo, los Reyes Católicos consideraron la cultura como instrumento indispensable para el prestigio de la monarquía. De ahí que concedieran una atención preferente a la educación humanista de sus hijos, encargándosela a maestros eminentes como los hermanos Giraldino, Lucio Marineo Súculo o el milanés Pedro Mártir de Anglería. La propia reina, contaminada del afán de saber, dedicó un tiempo a estudiar latín con doña Beatriz Galindo, conocida como la Latina. Erasmo y Luis Vives elogiaron el grado de cultura alcanzado por los infantes.

De tales inquietudes intelectuales participarían asimismo las clases elevadas de la sociedad. Muchos grandes laicos o eclesiásticos fueron entusiastas mecenas, como el llamado gran cardenal de España (Pedro González de Mendoza), fundador del Colegio de la Santa Cruz de Valladolid. Uno de sus familiares, el conde de Tendilla, trajo a España al citado Anglería, y el almirante de Castilla Fadrique Enríquez, a Lucio Marineo. También en Castilla, la rápida propagación de la imprenta, difundida casi al mismo tiempo que en la Corona de Aragón (Sevilla, 1475; Salamanca, 1480; Zamora, 1482; Toledo, 1483; Burgos, 1485), extendió la cultura a sectores más amplios de la sociedad.

La preocupación de los Reyes por la difusión de la cultura, a la vez que la tendencia a extender la autoridad de la monarquía a todos los aspectos de la vida del país, se manifestaron en sus numerosas pragmáticas relativas a las universidades y otros centros de enseñanza. La rápida ascensión de Castilla al primer plano político de España se tradujo en la irradiación del castellano a los demás reinos, como Valencia y Portugal; incluso en Cataluña aparecieron algunos escritores en lengua castellana. Con plena conciencia del brillante papel que el destino reservaba a la lengua de Castilla con la colonización

Página de la Biblia políglota complutense, 1517 (Biblioteca nacional, Madrid).

de América, el insigne Elio-Antonio Martínez de Cala, conocido como Antonio de Nebrija (su villa natal), escribió la primera *Gramática castellana* y la dedicó a la reina, proclamando que «siempre la lengua fue compañera del Imperio».

Poco antes de morir, Isabel encomendó a fray Jiménez de Cisneros, que ya había desempeñado un papel primordial como inspirador de la unidad religiosa y en la profunda reforma llevada a cabo en el clero y las órdenes religiosas, la misión de proseguir su impulso humanista. Fiel a lo cual en 1508 fundaba la Universidad Complutense de Alcalá, foco universitario especializado en humanidades, que en el transcurso de muy pocos años rivalizaría brillantemente con la de Salamanca. Seis cátedras bien dotadas de gramática latina y otras cuatro de lenguas antiguas atrajeron a Alcalá a los más eminentes latinistas, helenistas y hebraístas castellanos y extranjeros. Solo Cisneros, que había acumulado grandes riquezas, podía llevar a cabo una labor tan ingente y patrocinar, además, una obra de la envergadura de la *Biblia Políglota Complutense*, escrita en latín, griego, caldeo y hebreo, una de las obras cumbres del humanismo europeo.

Fomentado el movimiento cultural renacentista por los Reyes Católicos, este da pronto frutos propios. Castilla muy pronto se convierte en el centro de la cultura hispana. Si la nota característica del humanismo no fue la exaltación desmedida de todo lo humano en oposición a lo divino, y si bien es cierto que el movimiento humanista

Juan Luis Vives (1492-1550), valenciano de origen judío y una de las figuras intelectuales más importantes de su tiempo. Preceptor de príncipes y profesor, así como escritor.

113

adoptó posiciones diversas y en algunas naciones europeas se orientó en sentido anticristiano, nada de esto puede decirse en España, cuyo humanismo cae dentro de la más pura ortodoxia.

Las intensas relaciones entre España e Italia provocaron la formación de una serie de humanistas, entre los que cabe citar al célebre Antonio de Nebrija, a los hermanos erasmistas Alfonso y Juan de Valdés, Juan de Jaravo, el Brocense, Diego López de Cartagena, etc. Pero el humanista español de más relieve sería el valenciano Juan Luis Vives (1492-1540), que, después de estudiar en Valencia, continuó su formación en París, llegando a ser una

Retrato anónimo de Jorge Manrique. Esta imagen del poeta es posterior y sin duda convencional pero expresa su pervivencia y obra en la posteridad, incluso ya en la inmediata (Casa de la Cultura. Toledo).

de las figuras más descollantes del Renacimiento europeo. Fue amigo de Erasmo; se mantuvo en toda su obra dentro de la más estricta ortodoxia. Fue un gran pedagogo e intentó reformar los estudios escolásticos, admitiendo ciertas rectificaciones a la doctrina. Su fama le llevó a impartir lecciones en las Universidades de Oxford y de Londres, y de entre sus obras es la más valiosa la titulada *De subventione Pauperum*.

En España, el humanismo fue fundamentalmente erasmista y giró, en líneas generales, en torno a los nombres de Luis Vives y del grupo de la Universidad de Alcalá, de matiz católico, dirigidos por los citados Nebrija y el cardenal Cisneros.

3. LA POESÍA RENACENTISTA EN TIEMPOS DE CARLOS V

La lírica renacentista tiene como tema preferente el **amor platónico** y como modelo a Petrarca, el cual había canalizado el amor cortés hacia una retórica nueva. El autoanálisis de la pasión amorosa que habían desarrollado la lírica provenzal y sus herederos, los trovadores medievales y los poetas *stilnovistas* italianos, alcanzaba en el *Cancionero* (1470) de Petrarca unos rasgos de estilo, elaborado y artificioso, que se va a convertir en modelo de los poetas del siglo XVI. Esta estética, con sus correspondientes matices y desviaciones, presidirá la lírica de los principales países europeos. Además de Petrarca, justo es reconocerlo, el poeta más influyente de la lírica del siglo XVI es el también

Juan Boscán (1487-1542), poeta y traductor, es conocido fundamentalmente por haber introducido la métrica italianizante, así como el petrarquismo en la poesía castellana, junto con su amigo Garcilaso de la Vega.

italiano Ludovico Ariosto (1474-1533), autor del extenso poema *Orlando furioso*, con el que el autor pretendía continuar el poema caballeresco de Matteo Maria Boiardo *Orlando enamorado,* y aunar los motivos literarios que en ese momento estaban en boga: las armas, el caballero, el amor, la cortesía…

Hasta ese momento, en España, los poetas del siglo xv (Imperial, Santillana, Mena) habían escrito conforme a la moda alegórico-dantesca. A principios del siglo xvi, sin embargo, la influencia italiana va a imprimir un giro radical a la poesía castellana. Los viajes frecuentes de poetas humanistas a Italia, así como la venida de humanistas y escritores italianos a España (Mártir de Anglería, Marineo Sículo, Castiglione, Navagero), hacen que muy pronto se adopten en nuestra literatura los gustos y formas renacentistas. De este fecundo contacto, surge en España la poesía petrarquista. En cuanto a la forma, la nueva escuela aclimata el endecasílabo y el heptasílabo italianos, relegando el dodecasílabo y el octosílabo, dominantes hasta entonces; en lo que se refiere a la temática, trata principalmente de temas amorosos y pastoriles. Una constante en los nuevos poetas será el intento de infundir al idioma una bella y tersa musicalidad.

El iniciador de la nueva corriente petrarquista fue el catalán **Juan Boscán Almogáver**, nacido en Barcelona en 1490 y fallecido en 1542. Educado en la Corte de los Reyes Católicos, sirvió más tarde al emperador y al duque de Alba. Se sabe que, en la Corte del emperador, en 1525, tuvo el privilegio de ser presentado a dos refinados representantes del Renacimiento italiano: Baltasar de Castiglione, autor de *El cortesano*, y Andrea Navagero, embajador de Venecia, escritor y buen conocedor de los autores clásicos. Es de sobra conocida la conversación que mantuvieron Navagero y Boscán sobre la conveniencia de aplicar a la lírica española los metros utilizados por los buenos autores italianos. El carácter espiritual, reflexivo, equilibrado y constante del poeta catalán se imponía de ese modo la tarea de someter el castellano al sistema formal de la lírica italiana, y, aunque al principio la

empresa se presentó ardua, con paciencia y sapien-
cia logró llegar donde no había conseguido hacerlo
el marqués de Santillana, en torno a un siglo antes,
en sus *Sonetos fechos al itálico modo*, en los que se
hacía perceptible una evidente tosquedad.

Boscán, pues, sin abandonar del todo la poesía
al modo tradicional de cancionero, se convertía
en el introductor de la nueva poética, escribiendo
numerosos poemas a imitación de los italianos. Le
faltó, qué duda cabe, la genialidad de su amigo
Garcilaso, al que —y ese fue su mayor timbre de
gloria— logró contagiar sus inquietudes renovado-
ras y artísticas. Con todo, Boscán escribió algunos
excelentes poemas amorosos, los mejores de ellos
inspirados en su esposa, Ana Girón de Rebolledo,
mujer sabia, gentil y cortés a la que adoraba el
poeta. El amor matrimonial era un motivo insó-
lito en la poesía española clásica, aunque estaba
muy en consonancia con la burguesía barcelonesa
propia de la época. Trabajador infatigable de la
palabra, Boscán nos dejó en su traducción de *El
cortesano* de Baltasar de Castiglione una de las
obras en prosa más logradas de su época.

El verdadero mérito de Boscán estriba en que
comprendió que la poesía de su tiempo se movía
en un ámbito demasiado estrecho, y vio dónde
estaba el remedio para ponerla al día. De ahí que,
ante todo y sobre todo, se le conozca por su papel
de iniciador o de precursor. Como Juan el Bautista
con Jesucristo, supo inculcar su pasión por el *dolce
stil novo* a su amigo Garcilaso de la Vega, trece años
más joven que él, que se encargará, pese a lo fugaz

Durante el Renacimiento hubo numerosos nobles que cultivaron la literatura, como Garcilaso de la Vega (1501-1536), prototipo del caballero renacentista y figura capital de la lírica en dicho período.

de su existencia, de recoger la antorcha de renovación poética que le ofreció Boscán.

Considerado el padre y maestro mágico de toda la poesía del Siglo de Oro (y hasta sería posible rastrear su influencia en el siglo xviii y en el xx), **Garcilaso de la Vega** (1503-1536), nacido en Toledo, y sin duda uno de los más brillantes caballeros de la Corte del emperador, encarna como pocos el ideal de vida del cortesano. Su misma figura parece simbolizar su época, el momento imperial de España en su glorioso arranque, como período de europeísmo cosmopolita y de expresión ultramarina, con el sentido ecuménico que floreció entonces fugazmente a la sombra del humanismo, sepultado pronto por la exacerbación de los nacionalismos con las guerras de religión. Siguió al emperador en muchas de sus campañas y pasó largas temporadas en Italia con los más célebres escritores de la época. Es sabido cómo Garcilaso, en un gesto que hoy nos parece consustancial con el idealismo platónico y las gestas de los héroes de las novelas de caballerías, murió a los treinta y cinco años en una acción tan temeraria como heroica, en un asalto al castillo de Le Muy, cerca de Fréjus, en Provenza, en un intento de calmar la impaciencia del emperador. Tenía entonces treinta y tres años.

A Garcilaso se le considera como el definitivo adaptador de las formas italianas introducidas por su amigo Juan Boscán. Hace uso del endecasílabo italiano (que desde entonces disputará al octosílabo tradicional el predominio en nuestra poesía) y de las estrofas y recursos técnicos de la poesía transalpina: el soneto, el terceto, la canción, la lira, la rima interna y los versos sueltos (empleados en su *Epístola a Boscán*), y con los que logra una flexibilidad y armonía insuperables.

Su obra se reduce a tres *Églogas,* dos elegías, cinco canciones, una epístola y treinta y ocho sonetos. Pero, aunque breve, su categoría poética es tan notable que ha bastado para considerarle «príncipe de los poetas españoles». Elegancia y selección poética, pasión y melancolía caracterizan una lírica musical y sentida, cuya vibración el tiempo no ha apagado.

El tema único de su lírica es el amor humano. Garcilaso amó sin correspondencia a una hermosa dama portuguesa, Isabel de Freyre, que formaba parte de la Corte de la emperatriz. Garcilaso estaba casado con Elena de Zúñiga, e Isabel de Freyre contrajo, muy joven, matrimonio y murió al poco tiempo a consecuencia de un parto. Sus versos, de técnica petrarquista, poseen sin embargo una tonalidad más viril y austera al describir lo irremediable de aquellos amores desesperados.

Especialmente celebradas han sido sus *Églogas* —en especial la primera, escrita bajo la impresión de la muerte de la amada—, en donde el poeta expresa los episodios de su vida amorosa por medio de las voces de los pastores Salicio y Nemoroso. El arte pastoril es el mismo de Sannazaro y Jorge de Montemayor. Y el petrarquismo, como siempre en Garcilaso, es solo una rica túnica, elegante y preciosa, que reviste sentimientos humanos auténticos. De ahí su perennidad. Garcilaso de la Vega es uno de los pocos escritores cuya poesía clara, expresiva y exenta de retórica y afectación ha sido considerada como clásica en todos los tiempos. Todos han admirado en él al maestro indiscutible que, con un esfuerzo personal, dotó a la lengua castellana de una capacidad ilimitada para la plasmación de sentimientos amorosos, al tiempo que la hacía transparente y musical.

Las poesías de Garcilaso fueron publicadas, juntamente con las de Boscán, por la viuda de este, doña Ana Girón de Rebolledo, en 1542, y tuvieron un éxito inmediato: dieciséis ediciones hasta 1560. Años después, el Brocense —gran autoridad de la crítica— y Fernando de Herrera las reeditarían con anotaciones en 1574 y 1580, respectivamente, elevándolas a la categoría de monumento supremo de la nueva lírica y examinando en detalle sus fuentes, lenguaje y procedimientos poéticos.

Gracias a la obra de Garcilaso, la poesía de raigambre italiana cobra carta de naturaleza en el suelo español. Durante lo que resta de siglo, los poetas de nuevo cuño se enfrentarán a la poesía tradicional, aunque no todos desprecien la nueva forma.

Entre los poetas que siguen el ejemplo de Garcilaso, adoptando las formas italianas para sus composiciones de temas amorosos y pastoriles, tenemos al sevillano **Gutierre de Cetina** (1520-1557), poeta de exquisita sensibilidad. Su nota más personal la ofreció en los madrigales, en los que superó a todos los vates de su tiempo. Es particularmente famoso el que comienza: «Ojos claros, serenos…». Escribió, además, sonetos que pertenecen a lo más logrado de todo el siglo, en su mayor parte de asunto amoroso. Son notables, asimismo, sus canciones por la fluidez de sus versos y la belleza de sus pensamientos.

La adopción del endecasílabo y de las demás formas estróficas italianas no se realizó, empero, sin oposición. Algunos poetas se resistieron a servirse de ellas y hasta los combatieron en nombre de la poesía tradicional española, que usaba, como quedó dicho, el octosílabo. Entre los poetas tradicionalistas se alinea el fraile cisterciense **Cristóbal de Castillejo** (1490-1550), de Ciudad Rodrigo, que ni siquiera luchó contra la nueva escuela, limitándose a replicar con el silencio. En su obra escrita, severamente censurada por la Inquisición, que solo pudo ver la luz veintitrés años después

Primera edición de los dos poetas amigos, Garcilaso y Boscán, preparada, muertos ya los dos, por la viuda de Boscán, doña Ana Girón de Rebolledo, en Barcelona, 1543.

de su muerte, amputada de sus mejores pasajes, solo encontramos tres sonetos y las octavas reales de una sátira ideada precisamente *Contra los que dexan los metros castellanos y siguen los italianos*. Sin embargo, y pese al esencial carácter tradicional de toda su producción, no deja de absorber también innumerables elementos del espíritu renacentista.

A imitación suya, el portugués **Gregorio Silvestre** (1520-1569) siguió haciendo uso de los metros castellanos, manejando con especial habilidad el octosílabo, las dobles quintillas, la glosa, tanto profana como religiosa, y las

chanzonetas que por encargo del cabildo granadino escribía. Por último, en este ámbito hay que
citar a **Antonio de Villegas**, que trató de adhe-
rirse a la nueva lírica, pero se hallaba apegado a
una ideología y a unos maestros cuatrocentistas,
como Garci Sánchez, Cartagena, Manrique, etc.
De ahí que en la *Fábula de Píramo y Tisbe* fracase,
pese a los tercetos endecasílabos. La voluntad de
incorporar nuevas formas se queda en la mera
superficie.

Entre garcilasistas y tradicionalistas cabe
situar a otros varios poetas, en los que la influencia
italiana va ganando terreno a medida que pasan
los años. Tal es el caso de **Hernando de Acuña**
(1522-1580) —otro soldado poeta—, que dejó
en metro italiano sus mejores cantos, aunque
también se le conoce por sus glosas tradicionales.
Se cita a menudo su soneto dedicado a Carlos
V: «Ya se acerca señor, o ya es llegada / la edad
gloriosa», en el que profetiza el advenimiento del
Imperio universal: «Un monarca, un Imperio y
una Espada», fórmula a veces recordada en deter-
minadas coyunturas de nuestra historia. En este
ámbito, sin embargo, el nombre más conocido
es el del soldado y diplomático granadino **Diego
Hurtado de Mendoza** (1503-1575), magnífico
historiador en su importante novela morisca *La
guerra de Granada*, que hizo uso indistintamente
de los metros tradicionales y de las innovaciones
italianas, mostrando en ambos igual maestría. La
influencia de Garcilaso es plenamente perceptible en una treintena de sonetos y en su *Fábula*

de Adonis, Hipómenes y Atalante, obras en las que introduce la mitología en la literatura española, en octavas reales de musicalidad dura, aunque alcance momentos de fluidez amena.

Si Garcilaso volviera
yo sería su escudero,
que buen caballero era.
Mi traje de marinero
se trocaría en guerrera
ante el brillar de su acero;
que buen caballero era.
¡Qué dulce oírle, guerrero,
al borde de su estribera!
En la mano mi sombrero;
que buen caballero era.

Rafael Alberti

Ojos claros, serenos,
si de un dulce mirar sois alabados,
¿por qué, si me miráis, miráis airados?
Si cuando más piadosos,
más bellos parecéis a aquel que os mira,
no me miréis con ira,
porque no me parezcáis menos hermosos.
¡Ay, tormentos rabiosos!
Ojos claros, serenos,
ya que así me miráis, miradme, al menos.

Gutierre de Cetina

4. La prosa del siglo xvi: nuevos caminos

4.1. La transición al Renacimiento

En los comienzos del siglo xiv, la prosa castellana sigue los caminos abiertos en la obra de Alfonso X: libros de divulgación científica, historia y corriente didáctico-moral: exemplos, máximas, castigos o consejos con un ligero apoyo narrativo —cuentos o apólogos—, como *El libro de los engaños.*

Las colecciones de cuentos y apólogos del siglo xiii no habían sido sino un simple instrumento puesto al servicio de una intención didáctica. Será en la centuria siguiente, con don Juan Manuel, cuando se produzca el nacimiento formal de la prosa narrativa como obra de arte independiente. Muy versado en letras clásicas y en las obras de los escritores orientales, sarracenos, don Juan Manuel (1282-1347) puede ser considerado el primer prosista castellano con estilo personal y con conciencia artística. Autor de libros históricos —*Crónica abreviada*— y didácticos —*El caballero y el escudero* o *El libro de los Estados*—, su principal obra es la titulada *El conde Lucanor o El libro de Patronio*, terminada el 1335 —trece años antes que el *Decamerón* de Boccaccio—, que ha sido considerada, junto con esta, fuente primera de la literatura europea.

Por su parte, la prosa histórica iba a alcanzar un notable grado de perfección con las innovaciones introducidas por el canciller Pedro López de Ayala (1332-1407) en la segunda mitad del siglo

XIV. Ayala, al valor representativo de su figura humana, añade el interés de ser el prosista más grande de su generación. Su prosa de historiador no posee el encanto de los breves apólogos de don Juan Manuel. Es, sin embargo, mucho más rica en recursos, amplitud y dramatismo. Se ha dicho que Ayala es uno de los primeros casos de hombre moderno en la literatura española, entendiendo por moderno el tipo humano que, por oposición al de la Edad Media, caracterizará la época iniciada con el Renacimiento

4.2. La corriente sentimental

La otra gran vertiente prosística de la Baja Edad Media está constituida por las primeras manifestaciones del género novelesco. Hasta el siglo XV, la narración novelesca había sido inseparable de la influencia oriental y de la técnica del cuento. En ese siglo, sin embargo, el aumento de extensión y la recepción de elementos de origen italiano determinan el nacimiento de la llamada **novela sentimental**, subgénero de tema amoroso —abordado siempre desde una perspectiva trágica y melancólica— que empieza a imponerse en España con obras tan influyentes como *El siervo libre de amor* (1440), del trovador gallego **Juan Rodríguez del Padrón**; *El tratado de amores de Arnalte y Lucena* (1477) y la *Cárcel de amor* (publicada en 1492), de **Diego de San Pedro**; *Breve tratado de Grimalte y Gadissa* y la *Historia de Grisel y Mirabella*, ambas de **Juan de Flores**, aparecidas en 1495; o el *Proceso de cartas de amores* (publicada en 1548), de **Juan**

de Segura —pionera, por cierto, del género epistolar, forma en que está escrito casi enteramente el libro, y anterior en más de un siglo a las *Cartas de una religiosa portuguesa* o *Cartas portuguesas,* del galo **Guilleragues**, texto que vería la luz en 1669 y que es considerado el prototipo de este subgénero llamado a felicísimo porvenir a lo largo del siglo XVIII

Grabado de una edición de Barcelona de 1493, de *La cárcel de amor*, de Diego de San Pedro.

europeo. Todas estas novelas sentimentales, deudoras, en cierto modo, de la *Fiammetta* de **Boccaccio,** aunque provistas de un espíritu nuevo y de una orientación profundamente original, contribuirían, con su éxito dentro y fuera de España, a depurar la tradición italiana de la que arrancaran; breviarios de los perfectos amantes, acabaron convirtiéndose en fuente generalizada de inspiración de narradores y poetas a lo largo del siglo XVI.

4.3. Los libros de caballerías

La otra manifestación novelesca del siglo XV son los **libros de caballerías**, que tienen su origen en un género francés de narración en verso llamado *roman courtois.* Los libros de caballerías responden al ideal caballeresco de la sociedad cortesana

128

de la época, exaltando el sentimiento amoroso y el valor individual. Suelen presentar a un heroico caballero andante que, consagrado a la defensa del bien y con el pensamiento puesto en la amada, se enfrenta, las más de las veces con éxito, a personajes fantásticos, encarnación del mal y de la injusticia. A pesar de la mediocridad de muchas de sus producciones, este género alcanzó un prestigio extraordinario a partir de finales del siglo xv. Su obra más destacada es el *Amadís de Gaula*, publicada

Tractado de amores de arnalte a lucęda.

Las novelas sentimentales como los libros de Caballerías están llenos de extraños simbolismos y alegorías como las que vemos en este grabado, en el que las espadas, las lanzas y las cabalgaduras llevan nombres alusivos del simbolismo que contienen.

en 1508 por **Garci Rodríguez de Montalvo**, que afirma haber reformado sus tres primeras partes y añadido la cuarta. Este hermosísimo libro suponía la culminación de aventuras caballerescas que, arrancando de la tradición artúrica —en especial desde el momento en que ven la luz en Centroeuropa las grandes sagas en prosa de *Lancelot-Grial*— y mezclada con otra vasta gama de elementos narrativos tomados de la novela

griega y bizantina, empezarían a popularizarse
desde mediados del siglo xv, aun cuando sea posible encontrar ejemplos de obras anteriores a esas
fechas, especialmente en España, donde ya hacia
1300 veía la luz el primer «romance» en prosa
española, la *Historia del caballero Cifar*, texto
anónimo, bastante extenso, en el que se narran
las andanzas, trabajos, venturas y desventuras de
Cifar, Grima, su mujer, y sus hijos Garturas y
Roboam. Más que un libro coherente y unitario,
el *Cifar* era un centón o amasijo de elementos
variados: motivos orientales, leyendas fantásticas
de origen artúrico, piedad religiosa y un realismo
cómico, casi picaresco, en los cuentos de Ribaldo,
el escudero de Cifar, antecedente claro del pícaro y
de Sancho Panza. Auténtico prototipo de los libros
de caballerías, *El caballero Cifar* se convertiría en
una de las más populares muestras del género
cuando, en 1512, ya en pleno apogeo de este tipo
de libros tanto en España como en Europa, fura
impreso por primera vez en Sevilla. Poco después
del *Cifar*, aparecía *El caballero del Cisne*, y hacia
mediados del siglo xv, escrito en catalán, *Tirant
lo Blanc*, obra del valenciano **Joanot Martorell**
(1410-1470). Fuera de la península ibérica, y antes
de su consolidación como género típicamente
español, surgirían otras obras en parecida línea
que alcanzarían asimismo una gran popularidad,
como es el caso de *Fierabrás*, primera novela en
prosa impresa en Francia, en 1478, y de la que
se cuentan nada menos que veintiséis ediciones
entre 1478 y 1588. *Fierabrás* incidía una vez más

La novela *Amadís de Gaula* es tan representativa de los méritos del género como las derivaciones de sus disparatados errores. Como es sabido, Don Quijote imita a Amadís en su penitencia en Sierra Morena. Frontispicio de una edición española hecha en Sevilla, en 1539.

en las aventuras de Carlomagno, mezclando fuentes históricas, legendarias y poéticas. El éxito de este libro animó a determinados autores a publicar una continuación: nacía así *Renaud de Montauban*, obra editada veintisiete veces. Ninguno de estos libros alcanzaría, no obstante, el éxito de *Amadís de Gaula*, que, traducido al francés entre 1540 y 1548 por Nicolas de Herberay des Essarts, pasará a Inglaterra, Alemania y otros países, suscitando múltiples imitaciones, hasta convertirse probablemente en el texto más leído de esa época. Su huella se percibirá en Ariosto y Tasso, en el teatro inglés y en el español, y no cabe duda de que su lectura

—como la de *Orlando furioso*— resultó decisiva en Cervantes a la hora de concebir el *Quijote* como una parodia de ese subgénero novelístico.

Con *Amadís de Gaula*, versión definitiva de un viejo tema cuyas más antiguas versiones parecen remontarse a comienzos del siglo xiv, Rodríguez de Montalvo forjaba el primer ejemplo en las literaturas modernas de la narración larga en prosa con un héroe y una trama central. Desde el punto de vista argumental, si bien el libro participaba de los mitos e ideales procedentes del fondo legendario de la Alta Edad Media, a diferencia de las grandes obras *courtoises*, hacía abstracción de elementos tradicionales inherentes a esta, cuales son la búsqueda amorosa o el doble motivo de la prueba y la proeza, sustituidos aquí, al igual que en la novela bizantina, por una serie de aventuras novelescas que sirven a su autor para presentar, con más o menos fantasía, una sucesión de espacios alejados de lo verosímil, mundos ficticios de naturaleza fantástica. La libertad de su composición y la multiplicación de las aventuras hacen que a menudo el héroe quede relegado durante varias páginas en beneficio de sus compañeros Galear y Florestán. Su complicada trama resulta imposible de resumir en pocas líneas; baste, pues, recordar que la novela relata los amores y las aventuras guerreras de Amadís, hijo bastardo del rey Perión de Gaula y de la princesa Elisena de Bretaña; que su gran y casi única pasión es su amor por la princesa Oriana, en cuyo nombre lleva a cabo las más dispares gestas caballerescas, ayudado por su misteriosa protectora Uganda —enamorada esta, a su vez, de Amadís—, la cual le permite vencer numerosos encantamientos. La vida de Amadís, sin embargo, se ensombrece en el momento en que Oriana le cree infiel, circunstancia que induce al héroe a retirarse a una ermita inaccesible tras adoptar el nombre de «Bello Tenebroso». Por fortuna, Amadís será salvado casi en plena agonía merced a una viajera amiga de Oriana que lo reconoce. Reanuda así su vida aventurera, se desposa con Oriana, deja descendencia y pasa los últimos años de su vida gobernando, cual perfecto monarca, un reino ya pacificado.

A pesar del cúmulo de elementos tomados de las novelas medievales —gigantes, endriagos y demás criaturas monstruosas, castillos encantados, etc.—, un nuevo espíritu alienta este libro. *Amadís*, por ejemplo, carece del trasfondo religioso de antaño y en sus aventuras ocupa rango principal un tipo de amor especialmente sensual, reflejo del espíritu galante que imperaba en las cortes europeas de la época. Y, aun cuando la artificialidad de la prosa, sus incesantes fantasías y sus exageraciones sublimadas hayan hecho de esta obra materia casi exclusiva de especialistas y curiosos, su lectura, justo es reconocerlo, todavía provoca, en el lector provisto de un poco de imaginación, un especial encanto por la sutileza de los sentimientos puestos en juego, lo hiperbólico de su deliciosa trama y, en especial, el refinamiento en la ejecución de los deberes caballerescos y amorosos. Y es que, como indica Mª del Carmen Bobes

(*La novela*, Madrid, Síntesis, 1993, pág. 84), por encima de tan sofisticado entramado narrativo, *Amadís de Gaula* encubre una visión del mundo y una actitud cultural plenamente en consonancia con el espíritu de los tiempos y que, de alguna manera, reflejaba la apetencia por lo excepcional que alimentaba en aquel momento la fiebre de los españoles (pocas veces pudo despertar un libro tan hondos entusiasmos en personalidades tan diversas como San Ignacio de Loyola, Carlos V o Santa Teresa, influyendo incluso en los conquistadores de América, que llevaron a aquellos espacios lejanos reminiscencias vivas de sus lecturas). Con su lírico idealismo, su destreza en la conexión de sus numerosísimos *episodios* y su fuerza imaginativa, *Amadís de Gaula* está considerado hoy día como uno de los más célebres libros de caballerías en castellano, y llegó a conquistar dentro y fuera de la península ibérica un grado de popularidad pocas veces igualado en aquella época. Por lo demás, su influencia en la literatura posterior fue enorme, tanto en España como en otros países de Europa y América, convirtiéndose en un referente para los autores de literatura caballeresca y sentando las bases del género tal y como se le conoce en la actualidad. Otro aspecto importante de *Amadís de Gaula* es su capacidad para transmitir los valores y la moral de la época en que fue escrita. Vista así, la obra refleja la importancia que se otorgaba en la Edad Media a la nobleza, el honor y la lealtad, y muestra cómo esos valores se podían aplicar en la vida cotidiana.

El gesto de Amadís al final de su vida dejando el gobierno de su reino a su hijo Esplandián abría unas enormes expectativas a un género que había alcanzado tales cotas de popularidad. A diferencia de los antiguos ciclos, cuya cohesión era profundamente arquitectónica, el sistema en los libros de caballerías se basó en la genealogía y el linaje. Así, el propio Rodríguez de Montalvo, tras completar la historia de Amadís, relataba en otro libro, *Las sergas de Esplandián* (1510), las aventuras igualmente notorias de su hijo. Posteriormente llegaría el turno a su nieto Florisando. Paralelamente, se desarrollarían las historias de una innumerable gama de émulos y rivales de *Amadís*, en lo que se refiere, claro está, a la conquista de la gloria literaria: primero vienen los Lisuarte, Amadís de Grecia, Rogel de Grecia, Silves de la Selva, etc., cuyas hazañas cada vez más extravagantes relatarán escritores como Feliciano de Silva, cuya fértil imaginación tiende a multiplicar más y más las aventuras,

¶ Los cinco libros ōl esforçado z inuencible cauallero Tirante el blanco ōe roca falada: Cauallero ōela Ba/ rrotera. El qual por su alta cauallería alcāço a ser prī/ cipe y cesar ōel imperio ōe grecia.

Cervantes salvó de la quema, en el escrutinio de la librería de Don Quijote, al *Tirant lo Blanc*, considerándolo el mejor libro de Caballerías, en el que los caballeros mueren en su cama. La fama de Tirant fue enorme en toda Europa. Portada de la edición castellana de 1511.

y a insertar, en un estilo más bien ampuloso y artificial, episodios sin cuento cada vez más inverosímiles. Otros linajes, como el de los Palmerines —que arranca en 1511 con *Palmerín de Oliva*—, o los de don Duardos, Primaleón, Felixmarte de Hircania o Cirongilio de Tracia, vendrán a añadirse a los Amadises, los cuales, aunque sigan haciendo las delicias de una burguesía culti-

Portada de *Palmerín de Oliva*, novela caballeresca de autor anónimo, aparecida en 1515 en Salamanca.

vada, animada por un ideal de vida aristocrático, no hacen sino provocar la progresiva degradación del género, cultivando la aventura por la aventura —aventuras, por cierto, cada vez más insípidas, rocambolescas e increíbles— y relegando lo que en un principio pudieran entrañar de significado profundo, como prueba de carácter moral. Juntos, ambos linajes formarán la caterva de libros cuya lectura secará el cerebro de don Quijote.

4.4.   La prosa renacentista

Como veíamos, la prosa, que muy lentamente había ido progresando a lo largo del siglo xv, lograba una perfección sorprendente en el xvi. A lo largo del siglo se cultivaron diversos géneros, desde los tratados didácticos o la historia hasta las más dispares clases de narración, como la novela caballeresca, la pastoril y la picaresca, que confluirán en la gigantesca obra de Cervantes, el cual resume y supera a todos los novelistas anteriores.

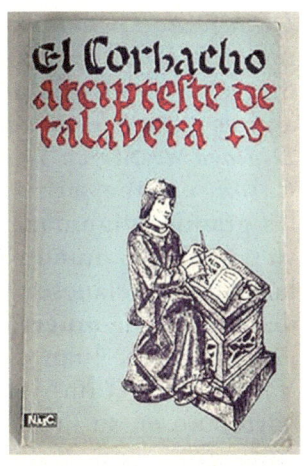

Portada de *El Corbacho*, del Arcipreste de Talavera.

El dominio literario de la primera parte del siglo se lo disputan dos corrientes: una sobria, selectiva y ponderada, que puede representar Juan de Valdés en su *Diálogo de la lengua;* y otra de riqueza retórica, aparatosa y palabrera, con asonancias y consonancias, que representa especialmente fray Antonio de Guevara.

El **pensamiento erasmista** está presente, en España, en la obra de varios escritores, siendo los más notables los hermanos **Alfonso** y **Juan de Valdés**, que reflejan en sus *Diálogos*: *Diálogo de las cosas ocurridas en Roma* y *Diálogo de los muertos,* de **Alfonso** (1490-1532) y *Diálogo de la doctrina cristiana*, entre otros, de **Juan** (1490-1541). El primero fusiona reformismo ortodoxo e ideal imperial de Carlos V (de quien fue secretario), en el **buen príncipe** protector de los fieles católicos; justifica, por lo demás, el saqueo de Roma en su

Diálogo de Lactancio y un arcediano, de gran mérito literario, que aún es superado por el *Diálogo de Mercurio y Carón*, en que satiriza las grandes dignidades ya pasadas del mundo a la manera lucianesca y de **danza de la muerte**. Por su parte, Juan de Valdés fue también cortesano en su juventud; gran conocedor del latín, el griego y el hebreo, compartió con su hermano el entusiasmo por Erasmo. Establecido en Nápoles, formó una corte espiri-

Portada de la edición príncipe del *Diálogo de Mercurio y Carón* (1525), obra de Alfonso de Valdés, uno de los erasmistas españoles.

tual para el comentario de las Escrituras y, aparte sus traducciones y comentarios de libros sacros y las exposiciones de la doctrina religiosa, escribe una obra importantísima desde el punto de vista filológico como es el *Diálogo de la lengua*, que es a la vez una apasionante defensa del castellano y una lúcida reflexión sobre su pureza y estilo. Cabe subrayar asimismo su ya citado *Diálogo de la doctrina cristiana*, en el que promovía la reforma ortodoxa de la Iglesia a través de diálogos entre personajes imaginarios, encarnación de doctrinas.

4.5. La prosa didáctica: fray Antonio de Guevara

La prosa didáctica alcanzó en tiempos de Carlos V un intenso cultivo, en especial con el franciscano fray Antonio de Guevara (1480-1545), predicador oficial y cronista del emperador, a quien acompaña en las expediciones a Túnez e Italia. Despreciado por los eruditos, pero muy festejado por el público en general, sus obras gozaron de extraordinaria popularidad. Autor muy prolífico, destacan tres obras sobre las demás. El *Libro áureo del emperador Marco Aurelio* (iniciado

Fray Antonio de Guevara (1480-1545), fraciscano, predicador oficial y cronista del Emperador. Su obra más conocida es su célebre *Menosprecio de corte y alabanza de aldea.*

en 1518 y publicado sin su permiso en 1528) es la relación ficticia de la vida de Marco Aurelio, inserta después en su *Relox de príncipes* (1529), obra esta última escrita en forma novelada con visos de historicidad, y es una miscelánea de anécdotas y sentencias en torno a la figura de Marco Aurelio.

Otro gran éxito de Guevara fueron sus *Epístolas familiares*, donde descubre un tesoro de ironías y un sabroso comentario de anécdotas de toda índole (sobre Medina del Campo, sobre los tenorios que acompañaban a Carlos V en sus guerras de Italia, sobre un aposentador del rey, sobre tres enamoradas antiquísimas, etc.). En una de sus 85 cartas encontramos en forma de cuento ameno la historia del esclavo romano y el león, que procede de una relación de Aulo Gelio. El tercer libro al que nos referíamos es su célebre *Menosprecio de corte y alabanza de aldea*, obra más o menos sincera en la que el autor presenta un contraste, mantenido en una cadena interminable, entre los goces de la vida rústica y los peligros de la corte para la salud del cuerpo y del alma.

Guevara cuidó extraordinariamente su estilo, vinculado aún a las formas retóricas de fines del xv: frases simétricas, enumeraciones ricas, y finales de período aconsonantados. Su complejidad formal parece haber determinado en Inglaterra la aparición de un manierismo estilístico, el *eufuismo* o de *Euphues*, título de una obra de John Lyly.

4.6. El nacimiento de la novela

Los ideales caballerescos y pastoriles inspirados por el amor cortés enlazan con el idealismo renacentista. Como el relato caballeresco, aunque se sigue leyendo, va siendo tratado ya con cierta ironía a lo largo del siglo en las cortes italianas y comienza a decaer, el impulso idealizante se refugia en lo pastoril, en la lírica y en la novela.

En España siguen en boga los libros de caballerías, cuyo epílogo lo constituye la **novela morisca**, consagración literaria de árabe español, aunque, como en Europa, el gusto evoluciona también hacia lo pastoril, que tiene en la *Diana* uno de los grandes éxitos literarios del siglo. Mientras tanto, en 1554 —justo en la coyuntura de la abdicación de Carlos V en la figura de su hijo Felipe II—, nace la novela moderna con *El Lazarillo*, que instala en la narrativa una nueva perspectiva y una nueva lengua literaria.

El género más característico durante el reinado de Carlos V es el de los **libros de caballerías**, que en estas décadas alcanzará una difusión extraordinaria, tanto en los ambientes populares como en los cortesanos. El propio emperador será un ávido y entusiasta lector de esta modalidad de obras. Tradicionalmente, se ha venido restando importancia a este género, pero el hecho cierto es que Cervantes —responsable máximo de su mala fama— era gran admirador de una de sus producciones (*Palmerín de Inglaterra*) y que, en menos de ocho décadas, se escribieron más de sesenta obras, que se publicaron en más de trescientas ediciones. En *Palmerín de Oliva*, *Primaleón*, *Clarisel de las Flores*, *Felixmarte de Hircania* y en una extensísima serie de otras novelas de este género, los ideales por los que luchan los caballeros y sus heroicas hazañas en defensa de la religión, el rey o el amor, además de ajustarse a las nuevas tendencias del espíritu renacentista, respondían plenamente al concepto que tenía el pueblo español acerca de la grandiosa misión histórica que le correspondía llevar a cabo en aquellos cruciales momentos. En este sentido, la relación existente entre el ideal imperial y este género novelesco quedó claramente demostrada por la progresiva pérdida de lectores y la muerte final que sufrió tras la trágica derrota de la Armada Invencible en 1588.

4.7. Las crónicas de Indias

La historia cuenta, en la primera mitad del siglo XVI, con importantes historiadores generales como el zamorano Florián de Ocampo (1489-1558) —cronista de Carlos V, que edita la Crónica de España del Rey Sabio—, y, sobre todo, con historiadores particulares como Pedro Mexía (1492-1551), autor de una *Historia del emperador Carlos V*, y, sobre todo, de una *Historia imperial y cesárea*, que tiende a una visión de lo universal, o Alfonso de Santa Cruz, autor de otra *Crónica de Carlos V*, en la que muchos de los hechos narrados los vivió personalmente.

Ahora bien, la gran novedad de la historiografía de esta época es la aportación de los **historiadores de Indias.** En efecto, el descubrimiento, la conquista y la colonización del Nuevo Mundo propiciaron la emergencia de gentes de letras que intentaban plasmar su asombro ante la grandeza de las hazañas llevadas a cabo, así como también de sus impresiones directas sobre la extraña geografía o la curiosa fauna de aquellos países tan distintos del nuestro. Los primeros escritos relacionados con América se debieron a los propios **descubridores** y **conquistadores**, quienes, ansiosos de comunicar al monarca los hechos vividos, y maravillados de cuanto veían en las nuevas tierras, enviaron a España cartas o relaciones cuajadas de detalles y notas curiosas. Tal es el caso de Cristóbal Colón (1451-1506) y Hernán Cortés (1485-1547). De aquél se conservan sus *Cartas* a los Reyes Católicos, interesantes por su contenido claramente autobiográfico, y el *Diario* del primero, tercero y cuarto viajes, con magníficas descripciones de los imponentes paisajes de aquellos territorios; aunque de la lectura de ambas obras se deduce su desconocimiento de la magnitud y trascendencia de su hallazgo. El conquistador de México, por su parte, dirigió a Carlos V cinco «cartas de relación», editadas en 1770 con el título de *Cartas y relaciones*, en las que, con estilo sencillo y desprovisto de todo adorno, informa Cortés a su monarca de los pormenores de la conquista, aportando asimismo noticias interesantes sobre la sociedad de los aztecas, sus ciudades y sus costumbres.

En esos manuscritos hallaron material para sus crónicas los historiadores de Indias, algunos de los cuales fueron actores o testigos directos de los hechos que narraron. Entre estos cronistas «oficiales» sobresale **Gonzalo Fernández de Oviedo** (1478-1557), que, atraído por las tierras recién descubiertas, marchó a ellas, polemizó violentamente con el padre **Bartolomé de las Casas** y, designado cronista por el emperador, escribió su *Historia general y natural de las Indias* (1535), admirable disquisición de estilo familiar e ingenuo sobre el nuevo continente, con interesantísimas páginas de gran valor documental, especialmente en todo lo referente a la flora y la fauna americanas. **Francisco López de Gómara** (1510-1572), secreta-

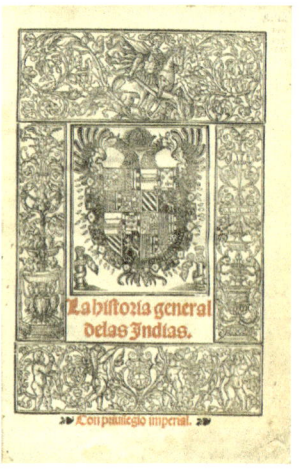

Portada de la edición de 1535, en Sevilla, por Juan Cromberger, de la *Historia general de las Indias* de Gonzalo Fernández de Oviedo.

rio de Cortés, al que acompañó en la conquista de México, es autor de la *Historia general de las Indias y de la conquista de México y Nueva España*. En ella hace el panegírico del conquistador, enalteciéndole como único héroe de la empresa. **Bernal Díaz del Castillo** (1492-1581), que también actuó al lado de Cortés, compuso para gloria de sus soldados la *Verdadera historia de los sucesos de la conquista de la Nueva España*, obra dinámica de estilo agradable y espontáneo, y de enorme interés documental. Con ella intentaba contrarrestar la *Crónica* de López de Gómara. Obras referidas al

Perú son la *Verdadera relación de la conquista del Perú y provincia del Cuzco llamada Nueva Castilla*, de **Francisco López de Jerez**; la *Crónica del Perú*, de **Pedro Cieza de León**; la *Historia*, de **Agustín de Zárate**; y la *Historia del Perú*, de **Diego Fernández**. **Alvar Nuñez Cabeza de Vaca**, por su parte, refiere su dramática expedición por el sur de los actuales Estados Unidos: *Naufragios y comentarios*. **Francisco Vázquez** historió las aventuras de Lope de Aguirre: *Historia de Lope de Aguirre, sus crímenes y locuras*. **Toribio de Motolinia** narra su experiencia como evangelizador: *Historia de los indios de Nueva España*. **José de Acosta** aborda la comprensión de «las causas y razón de las novedades y rarezas» de la naturaleza americana y analiza las instituciones y las religiones indígenas: *Historia natural y moral de Indias*. **Diego Fernández** escribió *Elegías de varones ilustres de Indias*; y **Bernardino de Sahagún** se interesa por las culturas mexicanas: *Historia general de las cosas de Nueva España*.

En fin, junto a ellos, hubo asimismo **cronistas religiosos**, frailes de diversas órdenes, diseminados por el vasto territorio de las colonias, que trataron de atraerse por medios pacíficos a los indios y que nos han legado obras llenas de valor histórico y científico. El más célebre de ellos es el ya citado **fray Bartolomé de las Casas** (1474-1566), obispo de Chiapas, legendaria y controvertida figura que consagró su larga vida a la defensa de los derechos y libertades de los indios. El mito del **buen salvaje** y el utopismo cristiano, basado en el principio de la igualdad de los seres humanos frente a Dios, fueron las ideas-fuerza que lo impulsaron a denunciar los abusos de conquistadores y colonos, a emprender la defensa de los derechos de los indígenas, a intentar su integración pacífica en asentamientos como el de la Vera Paz (Guatemala) y a formular una doctrina democrática del poder. Entre sus obras destacan la *Brevísima relación de la destrucción de las Indias* —que su autor envió al emperador—, *La apologética historia* y, particularmente, la *Historia general de las Indias*, en la que se fundamentó parte de la leyenda negra ideada por las potencias europeas contra la acción española en América, de la que se forjó una imagen muy negativa, sobre todo tras su traducción

El gran luchador religioso en defensa de los indios, fray Bartolomé de Las Casas (Biblioteca capitular Colombina de Sevilla).

al francés bajo el título de *Tyrannies et cruautés des Espagnols, perpétrées en les Indes Occidentales* (1579). Los mismos sentimientos y objetivos de Las Casas movieron a **Vasco de Quiroga**, obispo de Michoacán, a fundar los **hospitales-pueblos**, y a los jesuitas a crear las reducciones, comunidades autogestionarias, cooperativistas y autárquicas en las que los indios eran evangelizados y civilizados a salvo de colonos y encomenderos.

El encuentro de las utopías cristiano-renacentistas con la mitología antigua y las leyendas indígenas americanas se tradujo en la emergencia de un universo mítico en el que se confundían realidad e imaginación: mitos de **El Dorado**, de la **Sierra de la Plata**, de la **Fuente de la eterna juventud**, de **Cíbola** o de las **Siete ciudades encantadas**, del **Lago donde dormía el Sol**, de la **Ciudad de los césares**, de los **Apóstoles en América** y de **los gigantes y los pigmeos**. El afán por realizar los ideales utópicos arroja luz sobre la desmesura de las gestas de los conquistadores, hombres intrépidos en quienes se fusionaron utopía, ideal caballeresco medieval, deseo de imitar a los héroes clásicos y obsesión por obtener honores y riquezas.

5. EL TEATRO RENACENTISTA: SUS ORÍGENES

El drama moderno tiene su origen sin duda al calor de la Iglesia y como una ampliación de la liturgia. Siendo la cultura medieval esencialmente teológica, es lógico que el primer teatro europeo se modelara entre las naves de las catedrales y como una extensión del culto. Del canto alternado de los oficios divinos se debió de pasar al ciclo de representaciones de la Pasión. En torno a las dos grandes fiestas de Pascua (Navidad y Resurrección) se agruparon los dos ciclos dramáticos de Navidad y de Pasión y Resurrección, respectivamente. La más antigua producción del teatro castellano es el *Auto de los Reyes Magos*, que por el castellano que emplea debe de ser del siglo XII. Es solo un fragmento de 147 versos, lo suficientemente depurado como para concluir que no puede ser la primera obra de un género que lo más probable es que empezara imitando piezas latinas y francesas antes de llegar a esta madura forma de teatro primitivo.

Por desgracia, no se conserva ningún texto dramático de los siglos XIII y XIV a partir del citado **auto**, produciéndose un auténtico yermo a lo largo del Medioevo. Las primeras piezas teatrales que conocemos tras ese largo paréntesis son las escritas por **Gómez Manríquez**, tío de Jorge Manrique, nacido hacia 1412 y muerto posiblemente en 1490, y **Lucas Fernández** (1474-1542). Al primero pertenece la *Representación del Nacimiento de Nuestro Señor* —que viene a ser un auto de Navidad algo perfeccionado— y las *Coplas fechas para Semana Santa*. Ambas obritas poseen una gran belleza lírica, aunque dramáticamente sean muy primitivas. Lucas Fernández, por su parte, escribió *Farsas y églogas al modo y estilo pastoril y castellano* (1514), que incluye seis piezas dramáticas, tres de asunto profano, tres de asunto religioso, y el extraordinario *Auto de la Pasión*. Al margen de su indudable valor intrínseco, las obras de estos autores son el resultado del natural desarrollo experimentado con el paso del tiempo por la primitiva técnica de los autos. Por lo demás, la piedad ferviente e ingenua que se advierte en ellas no está todavía contaminada con los elementos del renacimiento pagano que se empezará a apreciar en el salmantino **Juan del Encina** (1468-1529), conocido como «el patriarca del teatro español», cuya obra sirve de transición entre el mundo medieval y el renacentista. Además de excelente músico, Encina escribió obras teatrales en las que se advierte una doble influencia sucesiva. Las de la primera época —*Églogas de Navidad, Égloga de Antruejo o Carnestolendas* y el *Auto del Repelón* (bromas de estudiantes a unos pastores)— continúan la tradición medieval, con una temática esencialmente religiosa y con la presentación de un ambiente rústico y popular que consagrará el Siglo de Oro y que, desde entonces, se convertirá en una de las grandes constantes de la historia del teatro español. En las obras de la segunda etapa —*Égloga de Fileno, Zambardo y Cardonio* (penas de amor del primero, que acaba suicidándose), *Égloga de Cristino y Febea* (en la que la alegría de vivir, característica del Renacimiento, se impone al ascetismo medieval) o la *Égloga de Plácida y Victoriano* (auténtico drama pastoril)—, escritas tras una prolongada estancia del autor en Roma, se produce el abandono de los elementos tradicionales y la recepción de las nuevas formas renacentistas. Además de la secularización de los temas y de la introducción, como sustitutivo de lo castizo, de ambientes más cultos y convencionales, la mayor extensión de las obras y una técnica escénica de calidad muy superior a la de los siglos anteriores dan nacimiento a un teatro más dinámico y moderno, que constituye el precedente inmediato del Siglo de Oro.

Pero todas estas producciones tardías del teatro medieval palidecen ante una verdadera obra maestra que se encuentra en la confluencia de los mundos medieval y renacentista, en el mismo umbral del Renacimiento hispánico, y que supondría una de las máximas aportaciones de la literatura española a la dramaturgia universal: *La Celestina* o *Tragicomedia de Calisto y Melibea*.

¿Qué tiene que ver *La Celestina* con este teatro medieval de autos y misterios, pasiones, farsas, *soties*, etc.? Prácticamente nada, y este es un punto capital para comprender la obra, que se inscribe en la línea del teatro latino culto, profano, de imitación plautina y terenciana que dio en el siglo XII la comedia elegíaca y, posteriormente, la llamada comedia humanística. Un teatro, pues, de «escolares» familiarizados con la comedia latina, que componen piezas dramáticas para representar o para leer entre ellos, entre iniciados capaces de comprender la lengua de imitación clásica, y el ambiente y las alusiones cultas de estas obras, que, por lo tanto, ni están destinadas al gran público indocto ni entrañaban el menor propósito de ejemplarización moral. Ello nos lleva a una actitud

Detalle de la portada de la edición medieval de *La Celestina*.

que entronca con los modelos del Arcipreste de
Hita, y no es casual que los dos tipos de viejas
alcahuetas —Trotaconventos y Celestina— proce-
dan del mismo *Pamphilus* anónimo. Pero, como
en el caso del Arcipreste, nos encontramos ante un
rasgo original de gran importancia: si Juan Ruiz
era un goliardo en lengua vulgar, *La Celestina* es
una comedia inspirada en las latinas medievales,
pero también en lengua vulgar, dando así a la obra
una dimensión totalmente nueva que influye decisivamente en su carácter.

Veamos primero lo que se sabe acerca de *La
Celestina*, de su autor o autores, y del complicado
proceso de su elaboración, que tantas polémicas
viene suscitando. Los hechos son que la titulada
Tragicomedia de Calisto y Melibea o *La Celestina* es
una obra dialogada, de carácter dramático, pero de
muy difícil representación (probablemente estaba
destinada a ser leída), publicada por vez primera

en 1499 (recientes descubrimientos parecen demostrar que la obra debió de ser escrita hacia 1497). Esta edición, al igual que la segunda, editada en 1501, consta de 16 actos, entre los que se intercalaron 5 más a partir de la edición de 1502, llegándose así a la redacción definitiva compuesta por 21 actos. Al parecer, un autor desconocido, tal vez el poeta Juan de Mena, para otros Rodrigo de Gota, escribió el primer acto. Posteriormente,

Fernando de Rojas es un escritor español, nacido en La Puebla de Montalbán, Toledo, en 1465, a quien se atribuye la famosa obra *La Celestina*. A pesar de que no se sabe mucho sobre su vida, es uno de los autores más célebres de España.

el bachiller Francisco de Rojas, jurista converso nacido hacia 1465 en Puebla de Montalbán, leyó este acto y en un par de semanas añadió quince actos más, dando término a la obra, lo que no fue óbice para que, en la edición de 1502, interpolara otros cinco. A partir de 1526, un autor diferente añadió el llamado «acto de Trasso», que parece probado que no fue obra del propio Rojas. De estos 22 actos que tenemos, pues, en total, falta saber si Rojas fue autor o no del primero, que da el planteamiento del drama. Modernamente se ha demostrado que pertenecen a autores distintos y que Rojas dice la verdad cuando en el prólogo —*El auctor a un su amigo*— afirma haber encontrado escrito el primer acto.

La trama argumental de *La Celestina* es sobradamente conocida: Calisto, un joven caballero, persiguiendo a un halcón que se le había escapado, penetra en el jardín de la casa de Melibea y se enamora fatalmente de la hermosa doncella. Sin embargo, en vista de su actitud esquiva, siguiendo los consejos de su criado Sempronio, recurre a una vieja alcahueta, Celestina, quien logra con habilidad que se celebre el primer encuentro nocturno entre ambos jóvenes; mientras va creciendo el amor entre estos, Celestina y los criados de Calisto, Semporio y Pármeno, disputan por el reparto de una cadena de oro que el enamorado había dado a la alcahueta como pago de sus servicios. Asesinada esta por la codicia de los sirvientes, la justicia los prende y son degollados. Areúsa, una de las pupilas de la vieja, decide vengarla, y se pone de acuerdo con el rufián Centurio, quien provoca una asonada nocturna durante una de las entrevistas clandestinas de los enamorados. Calisto, al oír el ruido, resbala al bajar por la escalera y cae, causándose la muerte; Melibea, al verlo, se encierra en una torre, y después de haber explicado a sus padres, Pleberio y Alisa, el fin que han tenido sus desventurados amores, se arroja desde lo alto de la torre y muere también. La obra termina con el amargo llanto de Pleberio y sus imprecaciones al amor.

Evidentemente, es a Rojas a quien debemos esta maravilla dramática que puede competir sin desdoro con las máximas creaciones del genio universal, con la shakesperiana *Romeo y Julieta*, por ejemplo. El primer acto de *La Celestina* debió ser una especie de auto breve, sin particular relevancia, y Rojas, al añadirle los actos restantes, intuyó todas las posibilidades dramáticas, humanas y literarias que el tema contenía en embrión, el contraste de los dos mundos: el sórdido, apicarado y materialista de la casa de Celestina, donde los criados de Calisto se reúnen con las pupilas de la alcahueta, y que se traduce en el plano lingüístico

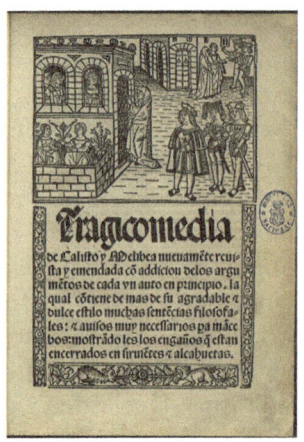

Portada de la edición de *La Celestina* impresa en Burgos en 1531. El grabado reúne en la misma composición los elementos esenciales de la acción: el encuentro de los enamorados, para unirse, alejando a la criada, y la entrada de la vieja en casa de Melibea (Biblioteca de Cataluña, Barcelona). Valverde 337

en un habla vulgar, desgarrada, sabiamente penetrada de sabrosos giros coloquiales; y el mundo elegante, refinado, espiritual e idealizado en que se mueven los dos amantes y los padres de Melibea. Como se ha dicho reiteradamente, esta es obra de grandes contrastes que se complementan y se explican los unos a los otros: habla vulgar y lenguaje culto, amor cortés y pasión carnal, crudo realismo y suave idealización, y dominándolo una noción de fatalidad, de algo irremisible que conduce a un «desastroso fin» a todos los protagonistas, tanto a los que se mueven por nobles ideales como a los que empujan las más bajas pasiones. Pero el acierto genial de Rojas es no haber esquematizado excesivamente ninguno de estos elementos: Calisto y Melibea son dos seres de carne y hueso, a veces un poco pedantes en la expresión (recordemos el origen universitario de la obra), pero siempre reales, con una personalidad propia, inequívoca, llenos de matices humanísimos que les sitúan a cien leguas del amaneramiento y la artificiosidad de los héroes de la novela sentimental.

Celestina, por su parte, es un personaje rebosante de vida, todo lo contrario de un personaje de una sola pieza, astuta y taimada, supersticiosa y con fe, totalmente amoral, pero sin que en ningún momento nos parezca un ser desorbitado ni mucho menos «diabólico», como más de una vez se ha insinuado. Si consigue siempre lo que se propone no es gracias a la intervención del Diablo (a quien invoca en un interesante pasaje, porque realmente cree en su influencia), sino porque conoce de un modo admirable todos los resortes del corazón humano.

Los tipos de los criados quedan también perfectamente matizados, con un perfil bien definido: el hipócrita Sempronio; el fiel pero débil y atolondrado Pármeno; y lo mismo puede decirse de las pupilas de la alcahueta: Elicia, llena de resentimiento, y Areúsa, de sentimientos más nobles, más ingenua y de buena fe.

Todo el drama está llevado con mano maestra, con una prosa a la vez sobria y expresiva que no teme descender a lo más acanallado cuando es preciso, ni encontrar, cuando las circunstancias lo requieren, remansos líricos de gran belleza, como en los pasajes de las entrevistas de los enamorados. Obra de una admirable plenitud vital, imbuida de un fatalismo trágico que ignora el sentido cristiano medieval del mundo, y en la que tanto el amor como los intereses más bajos desembocan por igual en el irremisible fin del desastre, *La Celestina* es, en las fronteras del Medioevo español, un drama que se eleva por encima de su época, y anuncia una nueva concepción del mundo. Nada extraño, pues, que en opinión de no pocos críticos sea considerada la segunda obra más importante de las letras españolas, después del *Quijote.*

Al margen de una corriente popular, continuadora del drama religioso medieval y de un teatro humanista integrado por traducciones y adaptaciones de tragedias y comedias clásicas, la notable evolución que experimenta el teatro español durante la primera mitad del siglo XVI parte de las bases sentadas en el siglo anterior por **Juan del Encina** y encuentra a sus máximos artífices en **Bartolomé de Torres Naharro** y **Gil Vicente**, verdaderos precursores del teatro europeo moderno. Las obras de estos dos autores —técnicamente muy inferiores a las creadas, décadas más tarde, por Lope de Vega— tienen en común el mérito de haber ampliado y complicado la acción, y de haber diversificado los temas, los recursos y las formas expresivas, poniendo fin de ese modo al anquilosamiento que había venido caracterizando el drama español desde su nacimiento en el siglo XII.

Verdadero precursor del teatro moderno europeo fue **Torres Naharro,** de origen extremeño; se sabe que fue soldado y sufrió cautiverio en Argel, y que tras su liberación se hizo sacerdote y residió en Roma y en Nápoles, donde escribió y publicó, en 1517, ocho comedias bajo el título humanístico de *Propalladia*. El breve «Proemio» que la antecede constituye la primera preceptiva dramática de la literatura española. Basándose en Horacio y en los preceptos de la comedia clásica, establece la división de las piezas en cinco jornadas, señala el número de personajes que tienen que intervenir y divide su obra teatral en dos partes: comedias «a noticias» (las que tratan de cosas reales) y comedias «a fantasía» (las que tratan de «cosas fantásticas o fingidas, que tengan color de verdad, aunque no lo sean»). Entre las primeras figuran *Trofea*, *Tinellaria* (ambientada en la cocina de un importante personaje que acaba de ser nombrado cardenal, y cuyos pinches y criados discuten, critican y se emborrachan) y *Soldadesca* (vivísima estampa de realismo satírico sobre la vida de Roma); entre las del segundo grupo, *Jacinta* (sobre el tema clásico de Circe), *Aquilana, Calamita, Serafina* e *Himenea*, la obra más complicada de toda su producción, en la que por primera vez en la escena española se da entrada a una trama argumental con intriga, precedente y base de los avances técnicos del Siglo de Oro. Torres Naharro volvió a España, donde escribió alguna comedia más antes de fallecer en 1531 (tenía poco más de cincuenta años).

Ahora bien, la figura cumbre del teatro español renacentista es **Gil Vicente** (1465-1536). Pertenece al grupo de poetas lusitanos de esta época que escribían indistintamente en su lengua materna y en castellano. Además de dramaturgo, fue poeta, músico y posiblemente orfebre. A pesar de hallarse profundamente enraizado en la tradición española y de mantenerse al margen de las nuevas formas y metros llegados de Italia, su teatro presenta una diversidad temática, una estilización artística de la realidad y una alegría jubilosa y optimista que convierten sus obras en una brillante manifestación del nuevo estilo renacentista. Sus piezas teatrales contienen algunos villancicos y canciones que bastarían para situarlo entre los mejores poetas hispánicos, que nos revelan cómo, al igual que Lope, sintió la atracción de lo popular y se inspiró en motivos y canciones tradicionales, pero más envergadura global poseen las 44 piezas teatrales (12 en castellano, 16 bilingües y el resto en portugués) que llegó a escribir. Su época de producción se puede fijar entre 1502 y 1536, y el propio poeta dividió sus obras en piezas de devoción, comedias, tragicomedias, farsas y obras breves. Entre sus obras de carácter religioso, cabe citar el *Auto da Sibila Cassandra* (sobre la profetisa que, al presentir el nacimiento del Redentor, tiene

Gil Vicente (1465-1536?) fue el primer gran dramaturgo portugués y poeta de renombre. Como hombre de teatro desempeñó las tareas de autor, actor y director.

la secreta esperanza de ser ella la mujer elegida para madre de Cristo y rechaza su matrimonio con el rey Salomón) y la famosa *Trilogía das Barcas*, compuesta de tres autos: *Auto da Infierno*, *Auto da Purgatorio* y *Auto da Gloria*, los dos primeros en portugués y el último en castellano. A las barcas situadas a la orilla de una ría, como en la antigua **danza de la muerte**, llegan diversos personajes; en la barca del Infierno encontramos al hidalgo jactancioso, al usurero, al fraile con su barragana, a una celestina, a un judío, etc. En la del Purgatorio, a un pobre campesino, a una vendedora de legumbres, a un pastor, a un niño... Y en la de la Gloria, a un papa, a un cardenal, a un emperador, a un obispo... La influencia dantesca se funde en esta obra con el recuerdo de la tradicional **danza de la muerte**, y su escenografía recuerda lo que será la de algunos autos sacramentales de Calderón. Sus comedias y tragicomedias, por su parte, desarrollan temas de libros de caballerías, o aluden, bajo forma simbólica, a acontecimientos contemporáneos. Entre las del primer grupo sobresale la bellísima *Tragicomedia de don Duardos*, sobre el tema del príncipe disfrazado de huertano para ser amado por sí mismo. Referentes a sucesos contemporáneos son la *Exortaçao de la guerra, Nao d´amores, Templo d´Apollo*, etc. Las farsas presentan cuadros de costumbres y tipos arrancados de la realidad (el campesino astuto, el soldado fanfarrón, el hidalgo vanidoso, etc.): *Inez Pereira, Farsa dos físicos, Farsa dos gitanos*, etc. Gil Vicente tiene una visión profundamente poética del universo, que sabe reproducir en imágenes cuyo primitivismo, más que impuesto por la necesidad de los tiempos, parece fruto de la realidad artística. Su personalidad poética es tan impresionante que es capaz de integrar los elementos más heterogéneos presentes en la cultura de la época en una sola alma, integrada en la lírica tradicional, que inspira e impregna de elegancia, de finura y de ritmo toda su obra. Su herencia será recibida, años más tarde, por la gran poesía dramática española.

6.   Arte renacentista

A finales del siglo xv, España era un hervidero de artistas extranjeros. Los Reyes Católicos, así como magnates y grandes eclesiásticos, llaman o admiten a arquitectos, escultores y tallistas neerlandeses, borgoñones, alemanes y franceses. Ese trasiego de artistas fue un fenómeno común en la Europa de aquel entonces. Hasta mediados del siglo XVI vemos a flamencos e italianos acudir a las cortes de Inglaterra y Francia, tan numerosos como lo fueron en España.

Una sola tradición artística de raigambre peninsular se mantuvo incólume por aquellos años: el arte mudéjar en sus formas de aplicación a la arquitectura, en la que los artífices moriscos seguirán todavía desplegando una gran actividad, destacando especialmente en la construcción de artesonados y puertas.

En la decoración arquitectónica, blasones y motes heráldicos adquieren, al finalizar el siglo, enorme importancia. Es una característica que perdura hasta bien entrado el siglo XVI. Grandes escudos flanqueados por figuras hercúleas y sostenidos por el águila de San Juan, en tiempos de los Reyes Católicos, o por el águila imperial, bajo el emperador Carlos, campean en las fachadas en las que imprimen un sello de majestad.

La introducción de las formas renacentistas en España coincide con el momento en que se inicia la unidad política española y la curva ascensional de su poder y su influencia europea.

El primer tercio del siglo XVI lo llena el estilo llamado **plateresco**, término acuñado en el siglo XVII por el sevillano Ortiz de Zúñiga al comparar lo menudo y rico de la decoración de este período con la labor de los orfebres y plateros.

6.1. La arquitectura renacentista

Durante los últimos años del siglo xv y el primer tercio del xvi, la arquitectura española presenta una dualidad formal: mientras la estructura de los edificios seguía siendo gótica, el Renacimiento empezaba a hacerse notar en lo decorativo y superficial. De ese modo se configura el estilo denominado tradicionalmente **plateresco**. Estaríamos, pues, más ante un estilo decorativo que arquitectónico. No obstante, junto a los edificios góticoplaterescos, existen construcciones con una nueva estructura renacentista más parecida a la italiana, e incluso otras en que ambos estilos aparecen mezclados. Hereda, pues, el plateresco elementos del gótico isabelino —gusto por las fachadas-retablo, representaciones de la heráldica, cresterías y el *horror vacui*—, junto a otros detalles ornamentales procedentes del arte italiano —medallones, *putti* o amorcillos, sillares almohadillados, hornacinas, columnas clásicas, encintadas o abalaustradas, etc.

La personalidad que aparece a la cabeza del Renacimiento español es **Lorenzo Vázquez**, el arquitecto de la familia Mendoza, a la que pertenece el gran cardenal, consejero de los Reyes Católicos, que fue llamado «el tercer rey de España». Poco antes de finalizar el siglo xv, introducía en la fachada del Colegio de Santa Cruz en Valladolid o en el Palacio de Cogolludo en Guadalajara, con las formas renacentistas, el almohadillado florentino, que tomará desde entonces cartas de naturaleza en el Renacimiento castellano.

La Casa de las Conchas de Salamanca es un antiguo palacio
urbano de estilo gótico y elementos platerescos cuya
construcción se inició en 1493 y concluyó en 1517. Es sin
duda uno de los monumentos más representativos del arte
civil de la época de los Reyes Católicos.

Más avanzado el siglo XVI, pero aún en el
primer tercio, se impone el **foco salmantino**,
caracterizado por la abundante decoración, merced
al empleo de la piedra tostada de las canteras de
Villamayor, fácil de labrar con minuciosidad, muy
resistente y de bello color dorado. Con ella se
realizarían auténticas obras maestras, como es el
caso de la fachada de la Universidad de Salamanca
(1519-1525), aún anónima, concebida como un
auténtico tapiz enteramente recubierto de vegeta-
ción menuda, y estructurada en calles y cuerpos
como un retablo de admirable finura de ejecución,
donde descansan medallones con los retratos de
los Reyes Católicos, bustos y estatuas de héroes y

deidades paganas. También destaca en Salamanca el Convento de San Esteban (1524), obra de **Juan de Álava**, con una original fachada en arcosolio con interior en retablo, doseletes góticos y profusa decoración. También en la ciudad del Tormes está La Casa de las Conchas, residencia de un alto eclesiástico, el doctor Talavera, una de las pocas edificaciones civiles y nobiliarias, de estructura gótica

Salamanca es la ciudad plateresca por excelencia, y en ella destaca la fachada de la Universidad, de la que no conocemos al autor, a pesar de ser una de las obras más representativas de la arquitectura plateresca. Es un bello conjunto dividido en tres franjas paralelas, con relieves vegetales, medallones, escudos y pilastras adosadas.

y distribución ornamental de ritmo mudéjar en la fachada, aunque incorporando elementos platerescos en el dintel de la puerta, los antepechos de las ventanas y en las molduras de las esquinas.

Después de Salamanca, el foco más importante de plateresco es **Toledo,** donde confluyen los ecos del último gótico con las aportaciones ornamentales italianas más una importante influencia mudéjar, configurando todo ello el **estilo cisneros**, una especie de Renacimiento nacionalista coincidente con la regencia del cardenal. Destacan la Sala Capitular de la Catedral de Toledo y el Paraninfo de la Universidad de Alcalá de Henares, obra ambas de Pedro Gumiel, donde abundan yeserías y artesonados mudéjares, pero con elementos renacentistas.

Durante el segundo tercio del siglo XVI se abandona la ornamentación del plateresco y se busca una mayor sobriedad y más claridad estructural, anulando conceptos góticos. Nacía así el **purismo**, caracterizado por una mayor austeridad decorativa, que se limitaba a algunos elementos concretos, generalmente de inspiración clásica. Se nota un cierto cansancio de la exuberancia decorativa hacia la mitad del siglo XVI, y se imponen los edificios de aspecto más sereno, armónico y equilibrado. Algunos arquitectos consiguen reciclar su producción tardo-gótica para comenzar en este nuevo estilo: tal es el caso, concretamente, de **Alfonso de Covarrubias, Rodrigo Gil de Hontañón** y **Pedro de Ibarra. Covarrubias** es el primero en iniciar ese cambio, por más que en un principio continúe el estilo de Lorenzo Vázquez en obras como el *Hospital de Santa Cruz* en Toledo, con una fachada recargada de estípites y grutescos propios del plateresco, y concediendo mucha importancia a la escalinata que une la primera y la segunda planta del edificio, con una balaustrada profusamente decorada. La planta es ya renacentista, de cruz griega, con un artesonado mudéjar. Obra suya es, asimismo, el Palacio Arzobispal de Alcalá, también con una hermosísima escalera de gran aparato, donde el almohadillado del maestro gana en riqueza e importancia. Poco a poco fue abandonando dicha decoración para hacer obras más puristas como el Alcázar de Toledo, palacio-fortaleza que se asemeja a los palacios renacentistas italianos en su planta cuadrada. En ellos se combina el aspecto recio al exterior, acentuado por sus cuatro torres y el almohadillado, con la gracilidad y elegancia del patio interior formado por dos pisos de arcos de medio punto que cabalgan sobre columnas exentas de estilo compuesto. También es de él el Hospital de Herrera (o Tavera), con una fachada al estilo palaciego del palacio florentino, diferentes sillares por pisos y una portada estrecha y sencilla. De Covarrubias es asimismo la célebre Puerta Nueva de Bisagra en Toledo, de torres gótico-defensivas y una portada muy purista, con la decoración del dovelaje, el sillar y el escudo encima.

Parecida es la trayectoria de **Rodrigo Gil de Hontañón**, hijo del arquitecto gótico Juan Gil de Hontañón, sin duda la gran figura de la escuela de Salamanca durante el segundo tercio del siglo. Pocos arquitectos trazan y dirigen tantas obras como él. Su labor, lejos de limitarse a la región salmantina, se extiende por toda Castilla la Vieja —interviniendo en las catedrales de Segovia, Plasencia y Astorga—, pero su mejor obra es la elegante **fachada de la Catedral de Alcalá** —cuyo contraste con la salmantina refleja el camino recorrido en solo tres décadas—, en la que destaca su cuerpo central enmarcado por columnas pareadas y rematado con frontón, donde se concentra la decoración. También es obra suya el Palacio de Monterrey en Salamanca, construido en 1539, cuyas corridas galerías y riquísimas cresterías caladas son de las creaciones más afortunadas del Renacimiento salmantino.

En Andalucía, los primeros arquitectos puristas fueron **Pedro Machuca** y **Diego de Siloé**. **Machuca**, formado en Italia, levanta en Granada, en 1528, el **Palacio de Carlos V**, pegado a la Alhambra granadina, en el que el autor se desentiende de las exuberancias decorativas platerescas, entonces en pleno apogeo. Es, sin ningún género de dudas, el edificio más característico de este período por su sobriedad, clasicismo y pureza de líneas. Cabe destacar en él su fachada con almohadillado muy profundo, con óculos y otros vanos rectangulares. Su patio interior, circular, de dos pisos con columnata toscana con fustes y capitales sencillos, lo convierten en un ejemplo de primera magnitud del purismo español por lo exageradamente puro y clásico de su construcción. Este

La fachada de la Universidad de Alcalá de Henares, obra de
Rodrigo Gil de Hontañón, (1541-1553). La arquitectura
renacentista de esta universidad refleja en su fundador
Cisneros la esperanza y la voluntad de unir la nueva
mentalidad cultural con la tradición eclesiástica.

interior tiene marcada influencia de San Pietro
in Montorio de Bramante. Por su parte, **Diego
de Siloé**, hijo del escultor Gil de Siloé, trabajó
en Toledo y Burgos, pero en 1528 se marchó a
Granada —foco artístico de primer orden—,
convertida tras su conquista en la sede de los Reyes
Católicos y de Carlos V, donde se le encomendó
terminar la catedral (edificio de gran importancia
como símbolo del poder cristiano en una ciudad
arrebatada a los musulmanes). Proyectada en un
principio con una planta gótica que recuerda a la
de la Catedral de Toledo, Siloé sometió el antiguo
proyecto a una serie de modificaciones para adap-
tarlo al gusto de la época por encargo real. Con
ese propósito, introdujo la columna clásica, labró
unos pilares con medias columnas en los frentes,

El palacio de Carlos V es una construcción renacentista
situada en la colina de la Alhambra de la ciudad de Granada.
Desde 1958, es sede de la Escuela de Bellas Artes de Granada
y, desde 1994, también sede del Museo de la Alhambra.

dispuso sobre ellos un trozo de entablamento a
modo de capitel, según el modelo de Brunelleschi,
e, inspirándose en la Mezquita de Córdoba, labró
encima un segundo soporte, aumentando así su
altura. Esta obra maestra del Renacimiento español influyó poderosamente en la **Catedral de
Málaga**, también trazada por él, con una fachada
muy esquematizada en líneas horizontales y verti-
cales con arcos inscritos en el adintelamiento.
Este tipo de catedral renacentista se exportará
desde Andalucía a Hispanoamérica: **Catedral de
Guadalajara, Cuzco y Lima**.

Andrés de Vandelvira, en relación directa
con Siloé, infunde una dirección nueva y personal a su estilo, encaminándolo hacia un cierto
manierismo. Sus obras maestras son la **Iglesia del
Salvador** de Baeza y la **Catedral de Jaén** (iniciada

en 1540), de planta rectangular como la gótica de Sevilla y la que Herrera erigirá luego en Valladolid. Los pilares se inspiran en los de Granada, y en la Sacristía; deja una obra maestra de simplicidad estructural y audacia constructiva. Su influencia fue muy amplia en Andalucía y en Levante, por Murcia y Alicante.

Sevilla, a pesar de su florecimiento económico debido al comercio de Indias, no consiguió formar una escuela como la granadina. Ello no obstante, **Diego de Riaño** construye un nuevo ayuntamiento cuyas fachadas son de los conjuntos más ricos del plateresco, y **Martín de Gainza** labra la **Capilla Real** de la Catedral, donde la gran cúpula, continuándose en la gigantesca venera del ábside, crea uno de los efectos de espacio abovedado más grandioso de nuestro Renacimiento. Cabe, asimismo, citar el nombre de **Hernán Ruiz**, autor de la iglesia del **Hospital de la Sangre** y del revestimiento y remate de la **Giralda**, en estilo que recoge ya la influencia de Serlio y apunta hacia soluciones manieristas que pervivirán largo tiempo en la arquitectura de los retablos andaluces.

Lo más original del Renacimiento aragonés es su arquitectura civil. **Juan de Sariñena**, en el hermoso interior de la **Lonja de Zaragoza**, ofrece la versión renacentista de las bellas lonjas levantinas, en la que, aunque las bóvedas continúan siendo de crucería, las columnas con capiteles clásicos reemplazan a los pilares de baquetones.

En América, la creación arquitectónica más importante de la primera mitad del siglo XVI es la **Iglesia conventual fortificada de Méjico**, de una nave, con cubierta de crucería gótica y coronamiento de almenas. Otro ejemplo digno de reseñar de esta clase de conventos es el de **Huejotzingo**. Entre las capillas abiertas de indios, que son de forma y tamaño muy diversos, merecen recordarse las de **Toposcolula** y **Cholula**, esta de numerosas naves. La decoración plateresca dejaba, además, en América varias obras tan importantes como la **portada de la Catedral de Santo Domingo**, cuyo interior es gótico, y la de **San Agustín Acolman** y de **Yuririapúndaro**, en Méjico. Entre las casas renacentistas figura en primera línea la de **Montejo**, en Mérida.

6.2. *La escultura del Renacimiento en España hasta 1550*

La escultura renacentista empieza a manifestarse en España durante el reinado de los Reyes Católicos, pero hasta comienzos del siglo XVI no se extendieron por la Península las nuevas fórmulas que cortaban la evolución tan pujante del gótico. Las relaciones con Italia, donde el Renacimiento había irrumpido en todos los ámbitos de la cultura hacía casi un siglo, favorecieron la introducción de este resurgir cultural en España. Estas relaciones imponían una importación no solo de ideas y de artistas, sino incluso de obras hechas. Ahora bien, frente a la italiana, la escultura renacentista española va a presentar una serie de rasgos diferenciales que la singularizarán; ante todo, el predominio total y absoluto de lo religioso y el rechazo de lo profano y pagano, que queda relegado a una función decorativa en el mejor de los casos. Lo religioso, por lo demás, por evidente tradición del patetismo gótico, va a mantener un gusto por lo expresivo, directo y realista, que solo en muy limitados casos va a dar cabida a la «belleza ideal» perseguida por los italianos.

Salvo en los monumentos funerarios de mármol (y otras clases de piedra, especialmente el alabastro), nuestros escultores continuarán aferrados, como en el período gótico, al uso de la madera policromada, y gracias a este material, el gusto por lo dramático y por la riqueza, tan español, puede manifestarse plenamente y sin gran esfuerzo. La escultura de madera policromada renacentista aspira a producir el efecto de riqueza deslumbrante de una gigantesca obra de orfebrería y la ilusión de vida real de una representación de teatro. El color no se da directamente sobre la madera, sino sobre una primera capa de yeso. En la parte correspondiente a los ropajes —y es la técnica denominada del estofado— se aplican, además, los panes de oro. La parte de policromía de rostros, manos y desnudos se denomina carnaciones.

En el período de transición, en el que se importaban obras, vinieron artistas extranjeros, entre los que destacan **Domenico Fancelli** (1469-1518), que labra varios sepulcros de primer orden: el de don Diego Hurtado de Mendoza, en la Catedral de Sevilla; y, en especial, el del príncipe don Juan, hijo de los Reyes Católicos, en Santo Tomás de Ávila (1512), que abre la serie de nuestros grandes sepulcros renacentistas, y el de los Reyes Católicos en la Capilla Real de Granada, decorados ambos con grandes medallones y figuras de virtudes en hornacinas. Escultor importante, amigo de Miguel Ángel en su juventud, es **Jacobo Florentino** (1476-1526), que trabajó por Murcia y Granada, y a quien se atribuye el Entierro de Cristo de la Catedral de Granada, con ecos directos del Laocoonte. También trabaja en España desde 1521 hasta su muerte en 1528 **Pietro Torrigiano**, artista violento y de vida borrascosa, que en una reyerta con su condiscípulo Miguel Ángel le rompía la nariz, desfigurándole el rostro. Poco después abandonaba Florencia y, luego de labrar en Londres los sepulcros de los reyes de Inglaterra, aparece en Sevilla, donde se dice que muere en las cárceles de la Inquisición. Dejó en España dos obras: *La Virgen con el Niño* y el *San Jerónimo*, ambas en el Museo de Sevilla. La más célebre sin duda es la segunda, labrada en barro cocido —material en boga en la ciudad andaluza desde el siglo xv—, tal vez la versión más perfecta de la escultura italiana de un cuerpo de anciano, que ejercerá luego gran influencia en la escultura sevillana barroca. Junto a estos y otros italianos presentes en España, son frecuentes las importaciones de obras sueltas, especialmente desde Génova. Figuran entre ellas relieves, retablos de cerámica vidriada de los Della Robia y, sobre todo, grandes sepulcros de mármol. Para Sevilla se esculpen varios que se pueden admirar hoy día en la iglesia de la universidad. En Bellpuig, provincia de Lleida, se conserva el no menos valioso de un virrey de Nápoles, y en Toledo existió el del obispo Ruiz.

Estos modelos italianos encuentran pronto eco en artistas españoles y en otros, franceses, que se establecen en nuestro país. En relación con Fancelli está **Vasco de la Zarza**, autor del sepulcro del obispo Alonso de Madrigal, llamado "el Tostado", en la Catedral de Ávila, obra de considerable pureza en lo decorativo. En esos

San Jerónimo por Torrigiano (1472-1528), florentino, condiscípulo de Miguel Ángel. Terracota policroma. Sevilla. Museo de Bellas Artes.

mismos años, la figura más interesante y compleja es la del borgoñón **Felipe Bigarny,** conocido también como **Felipe de Borgoña** (muerto en 1543), que en sus comienzos puede considerarse como un gótico, pero que fue evolucionando hasta hermanarse con lo renacentista más avanzado. Trabajó en Levante y Castilla, haciendo de Burgos el foco artístico principal en este primer tercio del siglo. Sus primeras obras tienen, como decíamos, un marcado goticismo (relieves en el trasaltar de la catedral burgalesa), que poco a poco va abandonando (retablo de los *Santos Juanes*, Capilla Real de Granada) hasta alcanzar el más puro virtuosismo renacentista, como demuestra con el retablo de la

174

capilla del Condestable de la Catedral de Burgos y con la sillería del coro de la de Toledo.

En esta primera época destacan ya escultores españoles que, como el citado Vasco de la Zarza, han asimilado plenamente el arte del Renacimiento. ***Damián Forment***, por ejemplo, valenciano de nacimiento y muerto en 1540, realiza grandes retablos: el del Pilar de Zaragoza en alabastro; el de la Catedral de Huesca; el de Poblet, y gran parte del de Santo Domingo de la Calzada. Forment creó una gran escuela en Aragón, donde se consolidará la nueva estética en sus discípulos y sucesores. Gloria española es el burgalés **Bartolomé Ordóñez** (muerto en 1520 en plena juventud), que, a pesar de su corta vida, dejó grandes obras y gran renombre. Ordóñez estudió en Italia y recogió mucho

Tumba del Obispo Madrigal, llamado *el Tostado* en el trasaltar mayor de la Catedral de Ávila, obra de Vasco de la Zarza en 1518.

175

del estilo de Miguel Ángel joven, con una fuerza elegante y solemne. Establecido en Carrara, murió allí mientras trabajaba en el sepulcro de Juana la Loca y Felipe el Hermoso, para Granada, y en el del cardenal Cisneros para Alcalá, obras ambas que siguen el modelo de Fancelli, y de muy alta calidad en sus detalles.

6.3. La pintura renacentista española hasta 1550

La pintura española del Renacimiento, como la escultura, se singulariza ante todo por la escasez del tema profano y su casi exclusiva dedicación religiosa. Solo en ambientes de la alta nobleza, y por supuesto en las colecciones reales, encontramos pintura mitológica, y casi siempre por obra de italianos. Los artistas españoles, sin otra clientela que la Iglesia, obsesionada tantas veces con el concepto del decoro, por la ejemplaridad moral y por la tradición realista del arte flamenco, de tan fuerte peso en España durante la segunda mitad del siglo xv, tardan en incorporarse al pleno Renacimiento. Salvo alguna rara excepción, el primer tercio del siglo xvi se caracteriza por una tímida asimilación de modos y elementos decorativos italianos, sobre una base en buena parte fiel a la técnica flamenca y a su gusto por lo concreto. En el segundo tercio, la influencia italiana —especialmente la del clasicismo rafaelesco y la del primer manierismo toscano— se difunde abiertamente, por más que se sigan manteniendo algunos contactos con Flandes, si bien no es ya el mundo de los

Escultura renacentista. Retablo de alabastro del altar mayor del monasterio de Poblet (1527), obra de Damián Forment.

«primitivos» del siglo XVI, sino el de los romanistas y manieristas nórdicos el que ejerce mayor influencia. En el último tercio del siglo irrumpe un cierto miguelangelismo y, sobre todo, el conocimiento y la devoción por la pintura veneciana, aunque, sobre todo en el retrato, se mantendrá, como veremos, el contacto con lo flamenco.

Desde 1500 se van fijando en España una serie de focos italianizantes en tierras de Levante, Andalucía y Castilla. En Valencia, acaso por su relación más directa con Italia, fue intensa la influencia florentina. La manera de Leonardo cuajó en **Rodrigo de Osona, el Viejo**, antes incluso del inicio del siglo; su obra maestra es sin duda *La Crucifixión*, retablo documentado de la Iglesia de San Nicolás en Valencia. Su hijo, conocido por **el Joven**, prolongará, entre 1505 y 1513, el estilo pictórico de su padre, destacando en su producción la *Epifanía*, que se puede visitar en la National Gallery de Londres. Por esas fechas llega a Valencia un italiano, **Pablo de San Leocadio**, que permanece en tierras levantinas hasta su muerte hacia 1520, y cuya influencia es fundamental en el ya inminente Renacimiento español. Obra culminante suya, según quedó demostrado no hace mucho tiempo, es *La Virgen del caballero de Montesa*, del Museo del Prado, de gran belleza y colorido muy limpio. En Valencia aparecen también, en 1506, dos pintores, **Fernando Yáñez de la Almedina** y **Fernando de los Llanos**, que trabajan juntos y suponen, al menos el primero, un notable avance estilístico. Su gran obra conjunta son las puertas del retablo mayor de la catedral, en que representan diversas escenas de la vida de Jesús. En la *Adoración de los Pastores*, el reposo majestuoso de la actitud y la claridad en el componer típicos de su estilo lucen plenamente. De excelente calidad, la *Santa Catalina* del Museo del Prado de Yáñez de la Almedina —directamente evocadora de la *Gioconda*— es una de las más bellas obras de nuestro Renacimiento. A comienzos del segundo tercio del siglo, **Vicente Massip** y su hijo **Juan de Juanes**, durante mucho tiempos confundidos en una misma personalidad, imponen ya el estilo rafaelista en Valencia. La obra maestra del primero son las tablas del retablo de la Catedral de Segorbe (1530), de severa grandeza. Su hijo, famosísimo, es en realidad el divulgador del estilo paterno, dulcificándolo e incorporando a veces elementos de una devoción sentimental que le hicieron muy popular ya en su tiempo, prolongándose esa popularidad hasta nuestros días. Juanes es uno de nuestros pintores marianos por excelencia. Frente a la carencia de pinturas de la Virgen con el Niño y de la Sagrada Familia de nuestros rafaelistas, forma contraste la serie relativamente abundante de sus interpretaciones. Ese mismo tema de la Virgen con el Niño sirve de centro a sus *Desposorios del venerable Agnesio*. Encargado Juanes por la Compañía de Jesús de perpetuar la aparición de María al padre Martín Alberro, jesuita de vida ejemplar y confesor del propio pintor, la representa quieta, con las manos unidas, con túnica blanca y manto azul; merced a la simplicidad de la figura, la suavidad del amarillo, el rosa y el azul del resplandor de las nubes, esta *Concepción* de la Iglesia de la Compañía de Valencia tiene el encanto de la extasiada contemplación mística pedida al artista. Otra de las pinturas más populares de Juanes es la *Cena*. Su diferencia esencial con la interpretación de Leonardo se debe al distinto momento de la historia elegido por el artista, ya que, mientras en esta se representa el contraste del estupor de los apóstoles al anunciarles la traición, con la serenidad de Cristo, la tabla española prefiere el momento culminante de la historia en que Jesús expone a la adoración de sus discípulos la carne de su propio cuerpo.

El foco andaluz tiene en Sevilla su sede y en **Alejo Fernández** (1470-1546) a su maestro más preclaro e influyente. Probablemente de origen alemán, a finales de siglo ya trabajaba en Córdoba.

Virgen de los navegantes, por Alejo Fernández. La protección de la Virgen alcanza a los que lograron el descubrimiento: entre los personajes cobijados bajo su manto, la tradición señala los retratos de Fernando el Católico, Cristóbal Colon y Vicente Yáñez Pinzón. La imagen incluye la carabela Santa María.

Establecido en Sevilla, recibe numerosos encargos, que realiza ora personalmente, ora ayudado por sus discípulos. *El nacimiento de la Virgen*, la *Virgen de la Rosa*, la *Virgen de los Navegantes* (que cobija bajo su manto a los grandes protagonistas del descubrimiento de América) y el retablo de la Universidad Hispalense nos demuestran la fuerza del dibujo, el sentido de la composición y la delicadeza de tonos que distinguen la paleta del maestro. Importante es, asimismo, la aportación de **Pedro de Campaña**, nacido en Bruselas, en 1503, y formado en Italia, donde conoció a Rafael. Hacia 1537 se afincó en Sevilla. Su estilo, fuerte y dramático, adquiere matices rafaelescos y de los primeros manieristas, pero los interpreta de modo personal, con interés por los efectos de luz y gusto por la opulencia de las formas. Excelente retratista a veces, su gran *Descendimiento* de la Catedral de Sevilla y el retablo de Santa Ana de Triana son sus obras más conocidas. Por su parte, el sevillano **Luis de Vargas** (1502-1568), después de muchos años pasados en Italia, donde asimiló plenamente la obra de Rafael, avanzó el Renacimiento histórico español. Su obra más conocida es la *Generación temporal de Cristo* (1561) de la Catedral de Sevilla, llamada popularmente «La Gamba» por el modelado perfecto de la pierna (*gamba* en italiano) de Adán, que destaca en primer plano del retablo. En esta obra, Vargas se revela como un incipiente tenebrista y pionero del claroscuro. Y cerramos este apartado con el toledano **Pedro Machuca**, al que ya hemos visto como arquitecto, que alía el

El descendimiento de la Cruz por Pedro Machuca. Óleo sobre tabla. Madrid, Museo del Prado.

rafaelismo y el miguelangelismo en una formulación de empaque monumental, como en *La Virgen con el Niño*, del Museo del Prado. Machuca es la máxima figura de la Granada pictórica renacentista con la decoración de la Capilla Real.

La escuela castellana, por su parte, tiene como centros principales Valladolid y Toledo. Solo más tarde, El Escorial acaparará la atención artística de españoles y extranjeros, dejando las escuelas regionales en la penumbra. Personalidad muy diferenciada en el Renacimiento español es **Pedro Berruguete** (muerto en 1502), padre del escultor Alonso, ya citado, que abrió nuevos horizontes en la pintura castellana. Nacido en Paredes de Nava (Palencia), marchó muy joven a Italia, donde

trabajó en la corte de Federico de Urbino en cola-
boración con el flamenco Justo de Gante. Gracias
a ello, en su arte se conjugan notas italianizantes,
flamencas e hispánicas. Su sentido realista enraíza
con las tradiciones góticas de ascendencia nórdica,
mientras que en la composición muestra interés por la perspectiva tal como se concebía en el
Renacimiento. La pervivencia, por lo demás, de
fondos de oro (alguna vez, excepcionalmente, de
plata) en sus tablas expresa vínculos con las tradiciones vernáculas. Las tablas dedicadas a santo
Domingo de Guzmán, en el Museo del Prado, son
un buen testimonio de la recia personalidad del
primer gran pintor que tuvo Castilla. Junto a ellas,
obras capitales suyas fueron el retablo de la Iglesia
de Santa Eulalia, en Paredes de Nava; el de Santo
Tomás de Ávila, de donde proceden, además, unas
tablas del Museo del Prado, entre ellas el famoso
Auto de fe, que representa un milagro de Santo
Domingo; y parte del retablo de la Catedral de
Ávila, su última obra.

En Toledo destaca **Juan de Borgoña** (1470-
1535), de origen seguramente francés, pero
de evidente formación italiana. Figura de gran
significación que, sin renunciar del todo a ciertos elementos del gótico flamenco, representa ya,
incluso en su técnica, un mayor avance renacentista. Su claridad en la composición, la utilización
del paisaje amplio y severo, el dominio de las
arquitecturas clásicas y el gusto por los rostros y
actitudes idealizadas son enteramente italianos,
pero, como Berruguete, utiliza a veces escenarios

moriscos de techumbres de lazo y fondos de brocados de oro. Junto a los abundantes retablos de su mano, cabe destacar los frescos de la Sala Capitular de la Catedral de Toledo, con escenas de la vida de Cristo, de muy bella claridad, y los de la Capilla Mozárabe, doblemente interesantes por mostrar episodios históricos contemporáneos, como la toma de Orán por Cisneros. La influencia de Juan de Borgoña fue muy grande en toda Castilla la Nueva, especialmente en Toledo, donde formó un taller a cuya sombra se formaron numerosos discípulos.

IV

Historia, sociedad, cultura y arte en la segunda mitad del siglo XVI

1. EL CONTEXTO HISTÓRICO

Los más próximos sucesores de los Reyes Católicos (su nieto Carlos I y su bisnieto Felipe II, y especialmente este último) trataron de llevar de frente todos los ideales de la nación y del Imperio. Ambos dirigieron personalmente la política y los conflictos internacionales: Carlos, con una actividad incesante, acudiendo a todos lados y participando en las guerras; Felipe, desde su gabinete de trabajo, enterándose de todos los negocios, resolviéndolos por sí mismo y dictando o escribiendo de su puño y letra hasta las menores instrucciones que enviaba a sus subordinados. Modelo de rey absolutista, Felipe II (1556-1598) consagró la vida entera a su oficio de rey y sacrificó todos sus afectos y pasiones ante lo que creyó beneficioso para el catolicismo. Los enemigos de España en aquella época lo presentaron como un tirano sin corazón; la verdad es que fue un gobernante de gran energía y rectitud, trabajador hasta el exceso y de una honradez sin tacha. Educado para el gobierno bajo la dirección de su padre, Felipe heredó sus ideas imperiales. Pero, así como Carlos I consideró el Imperio como un conjunto de países distintos unidos por la misma religión y el mismo soberano —idea derivada del concepto que del Imperio universal se tenía en la Edad Media—, Felipe lo consideró como algo exclusivamente español. Si Carlos pasó su vida recorriendo Europa, Felipe apenas se movió de España; y si Carlos tuvo a su lado muchos consejeros, los de Felipe fueron casi todos españoles. Durante su reinado, España se convertía, pues, en el corazón de su Imperio. El supremo ideal de Felipe II fue mantener la unidad del catolicismo, y toda su política estuvo dirigida por esta idea, que su pueblo compartió con entusiasmo.

Cuando surgió el protestantismo, Carlos I pidió varias veces a los papas que convocaran un concilio para que reformara la Iglesia y consiguiera hacer volver a los disidentes a la obediencia de Roma. Sin embargo, las guerras y otras dificultades políticas retrasaron la celebración del concilio, y cuando por fin se abrió en Trento (1545) ya era demasiado tarde para impedir la difusión de la doctrina protestante. De todas formas, el **Concilio de Trento** (1545-1564), si bien no logró terminar

El grabado intenta representar una de las sesiones del Concilio de Trento, el mayor esfuerzo realizado por la Iglesia de Roma para oponerse a los avances que el protestantismo había logrado en el centro y norte de Europa, y cuyos acuerdos han tenido siglos de vigencia.

con el protestantismo, al menos consiguió frenar su avance y llevó a cabo una importante labor religiosa, dando un nuevo impulso y unidad a una Iglesia presa del caos. La obra del concilio tridentino resultó de una importancia excepcional, porque, para bien o para mal, será la base sobre la que descansará la Iglesia católica durante siglos. Y no solamente desde el punto de vista de la fijación del dogma, sino también en lo referente a su aspecto disciplinario, es decir, en lo que concierne a las medidas encaminadas a la creación de un nuevo clero capacitado, digno y libre de las máculas que tantas críticas habían suscitado.

1.1. La decadencia española

España, cuyas hazañas asombraron al mundo a todo lo largo del siglo XVI, se fue debilitando en el último cuarto del siglo, y decayó muy deprisa desde la muerte de Felipe II (1598) hasta la de su nieto Felipe IV (1642), años en que se produce su total derrumbamiento. Tan sorprendente decadencia, como a menudo se ha indicado, pasó por tres fases: en primer lugar, el debilitamiento económico y financiero, que comenzó muy pronto y contribuyó a acelerar el proceso de la caída; en segundo lugar, la disminución curiosamente retardada de su potencia militar; y, finalmente, la mengua de los sentimientos patrióticos y religiosos, que acabó con las fuerzas del coloso. Uno de los más singulares rasgos de la enfermedad fue, sin duda, el sumo florecer de las artes y las letras precisamente cuando mayor era la debilidad y más amagaba el colapso definitivo. El declinar económico había empezado mucho antes de la subida de Felipe IV al trono y del consiguiente gobierno de Olivares. Hay quienes sitúan su comienzo ya hacia 1560, y todos convienen en que durante el reinado de Felipe III se tornó evidentísimo. En adelante, hasta finales del siglo XVII, aumentó sin interrupción y cada vez con mayor intensidad. Todos los períodos en que pueden dividirse aquellos ochenta años cabe considerarlos, a pesar de ciertos momentos de brillantez y de sonoros triunfos, como otros tantos peldaños de un proceso de decadencia casi continua, que coincidirán con la época barroca.

1.2. Las transformaciones sociales

La afluencia del oro americano produjo en toda Europa, pero particularmente en España, una considerable alza de precios y, en consecuencia, de los salarios, todo lo cual dio lugar a grandes cambios sociales.

Aunque desde el reinado de los Reyes Católicos la **nobleza** perdió todo poder político, continuó gozando de muchos privilegios, sobre todo el de no pagar impuestos y el de ser preferida para los altos cargos militares y políticos (virreyes, generales, etc.). La gran nobleza habitaba en la Corte para estar cerca de los reyes, dispensadores de cargos y honores. Poseía una gran parte del suelo español y continuaba ejerciendo alguna jurisdicción en sus posesiones. Carlos I, para tener más adicta a la nobleza, creó el título de **grande de España**, que otorgó solo a veinticinco familias de las más nobles. Los grandes eran riquísimos, tenían el tratamiento de «primos del rey» y podían permanecer cubiertos en su presencia.

El encarecimiento de la vida hizo que solo una pequeña parte de la nobleza pudiera sostener el lujo de su rango. La inmensa mayoría de los nobles tuvo que contentarse con vivir pobremente o en sus pequeñas propiedades; esta clase social fue la de los **hidalgos**, de la que salieron grandes figuras militares, literarias o religiosas (Cisneros, Cortés, San Ignacio, etc.).

El **clero** fue tan numeroso que no había familia que no tuviera un pariente clérigo. Hubo mucha diferencia en riqueza entre los grandes **prelados** y los **sacerdotes** pobres, pero todos gozaron de mucha consideración y del privilegio de no pagar impuestos. En conjunto, la Iglesia poseía también una gran parte de las tierras. Esta clase social dio gran número de hombres ilustres, no solo como religiosos, sino también como hombres de letras.

Los **burgueses**, grandes comerciantes e industriales, no fueron muy numerosos, dado que el comercio y la industria estuvieron en gran parte en manos de extranjeros. En cuanto a los **letrados**, abogados, médicos, etc., fueron una clase social más nutrida, que gozó de considerables ventajas. De ella salieron los principales consejeros de los reyes y los mejores hombres de letras y ciencias. Los letrados eran casi en su totalidad de origen hidalgo o burgués.

Al otro extremo de la escala social estaban los **plebeyos** y los **campesinos**. Entre los plebeyos estaban los artesanos, jornaleros, etc., muy numerosos en las ciudades, y empobrecidos por la carestía de la vida y el pago de grandes impuestos. En cuanto a los campesinos, desde que Fernando el Católico resolvió la situación de los remensas catalanes, solo en Aragón continuó existiendo la servidumbre. En el resto de España, los campesinos mejoraron su condición jurídica; de todas formas, continuaron siendo muy pobres por las pesadas gabelas a que estaban sujetos.

Los Reyes Católicos y sus sucesores dictaron leyes para corregir la inmoralidad y el lujo excesivos, que habían llegado a extremos vergonzantes en la Baja Edad Media. En consecuencia, las costumbres de la sociedad del Imperio, en general, se distinguieron por una mayor austeridad que en los demás países de Europa en la misma época, pero, más tarde, las guerras y el desgobierno las relajaron considerablemente.

2. LA POESÍA EN TIEMPOS DE FELIPE II. PLENITUD RENACENTISTA

En consonancia con el cambio experimentado por la vida y la cultura en el reinado de Felipe II —que coincide con la segunda mitad del siglo XVI—, el Renacimiento, más pagano y universal en la España del emperador, se torna ahora nacional y religioso. La fórmula italianista iniciada por Garcilaso se impregna cada vez más de esencias españolas, incorporando nuevos temas, como el religioso y el patriótico; por otro lado, el carácter nacional de esta nueva fase de la lírica española viene confirmada, por la escisión de la escuela de Garcilaso, en dos tendencias más o menos diferenciadas: la **escuela sevillana**, encabezada por Herrera, tras algún precedente, como Cetina, caracterizada por su colorismo y elocuencia; y la **escuela salmantina**, más reflexiva y equilibrada, que hallará su culminación e incluso será trascendida por fray Luis de León.

La figura más notable de la **escuela sevillana** y uno de los poetas más representativos de su tiempo es **Fernando de Herrera**, que nace y muere en Sevilla (1534-1597). Conocido como el Divino, Herrera fue beneficiado de una parroquia como clérigo de órdenes menores, cuya existencia transcurrió sin incidentes dignos de reseñar, hasta el momento en que conoce a una ilustre dama, doña Leonor de Milán, condesa de Gelves, por la que concibe un amor platónico, llamándola en sus versos «Luz, Lumbre, Estrella», y que habría de ser desde entonces el móvil de su poesía amorosa. A la manera de

De Fernando de Herrera nos sorprende la grave melancolía, la mirada extática. Nos lo imaginamos en la corte sevillana de los condes de Gelves junto al Guadalquivir, rico de las galeras regresadas de Lepanto. Un mundo de humanistas y de poetas lleno de esplendor y de plenitud cultural.

Petrarca, de cuya lectura está saturado, Herrera le dedicará toda su vida un rendido culto poético, expresado en numerosos sonetos, canciones y elegías. Junto al tema amoroso, ocupa gran espacio en la producción de Herrera la vena de inspiración patriótica. El acento doliente y tierno de sus versos de enamorado deviene, en sus poesías de exaltación nacional, en voz robusta y gallarda. Son célebres sus odas *Canción por la pérdida del rey don Sebastián, Canción por la victoria de Lepanto, Por don Juan de Austria.* Escribió asimismo sonetos dictados por esta misma inspiración, como el muy conocido que dedica a Carlos V.

Herrera representa la nacionalización del italianismo en la poesía castellana. En sus *Anotaciones a las obras de Garcilaso de la Vega* (1580), que suscitaron apasionadas controversias, estableció las normas teóricas de la escuela, imponiéndole un sentido culto, aristocrático, estrictamente neoclásico, que es el que llega a Góngora. En estas normas se prestaba atención extrema al cuidado en la forma y el lenguaje, hasta en cuestiones aparentemente poco importantes como la ortografía. Por eso es considerado Herrera como el verdadero iniciador del **cultismo** en la poesía del Siglo de Oro, y su estilo marca la etapa intermedia entre el primer momento del clasicismo renacentista e italianizante, el de Garcilaso, y el último, que será, como veremos en su momento, el de Góngora y los culteranos. La poesía sonora y colorista de Fernando de Herrera tuvo gran trascendencia en su tiempo, y hoy podemos considerar a este como una de las altas cumbres de nuestra lírica.

A diferencia de otros ingenios contemporáneos suyos, cuyas vidas fueron modelo de activismo, Herrera vivió siempre en Sevilla, su ciudad natal, como un modesto sacerdote consagrado al estudio y a la poesía. Fue allí figura central en la academia literaria del humanista Juan de Mal Lara y en el grupo que reunía en su casa el conde de Gelves: poetas, humanistas, pintores y eruditos que constituían un círculo selecto. Entre ellos cabe reseñar a **Francisco de Medina**, **Diego Girón**, **Juan de la Cueva**, **Baltasar del Alcázar** (1503-1606) —poeta castizo y jocoso que sobresale por sus composiciones festivas, como *El diálogo entre dos perrillos*, *El Galán y el Eco*, y sobre todo las famosas redondillas a *Una cena*— y el canónigo **Francisco Pacheco**, cuyo sobrino, del mismo nombre, editó, en 1619, las obras de Herrera, y trazó su semblanza biográfica en su interesante *Libro de verdaderos retratos*. Suelen inscribirse estos nombres, y otros de la generación siguiente, bajo la denominación de **escuela sevillana**, opuesta a la **escuela salmantina** de Fray Luis de León. Hoy día, estas clasificaciones, un tanto imprecisas, van perdiendo significación. Aparte del nexo geográfico, designan simplemente tendencias y afinidades que, en lo que se refiere a los poetas de Sevilla, podrían caracterizarse por el predominio de ciertas cualidades técnicas, el culto a la belleza formal, la fidelidad a los modelos clásicos y la pureza de la lengua poética, frente a la espiritualidad menos retórica —o de una retórica menos aparente— de los salmantinos.

La **escuela salmantina** se opone a la sevillana, en cuanto al estilo, por la concisión y sobriedad de la expresión. Se inspira en los clásicos grecolatinos y en la Biblia más que en los trecentistas italianos, al mismo tiempo que incorpora temas religiosos y de índole moral. En la escuela salmantina encontramos, en primer lugar, dos poetas sin precisa adscripción geográfica. Uno de ellos es el misterioso **Francisco de la Torre**, de quien apenas sabemos nada, salvo que su obra —conformada, en su mayor parte, por una serie de sonetos y una colección de églogas, de acento personalísimo y siempre puro y noble— fue publicada, ya en el siglo XVII, por Quevedo. El otro poeta, injustamente menospreciado durante largo tiempo, pero que en la actualidad es considerado como una de las voces más originales y sugestivas del Siglo de Oro, es el capitán **Francisco de Aldana** (1537-1578), nacido en Florencia, de familia extremeña y casi siempre fuera de España. Rico y variado en sus temas, poeta de sensibilidad delicada y de una vivísima imaginación al servicio de la reflexión abstracta y teológica, Aldana, desaparecido en África con el rey portugués don Sebastián, sigue poéticamente tres temas: el amor, cantado con estampas de sutil voluptuosidad, al estilo italiano; la guerra, de la que nos ofrece visiones de primera mano, casi cinematográficas; y, finalmente, el tema religioso, casi teológico, pues entraña gran rigor reflexivo a la vez que una amplia libertad en la consideración.

Aldana nos lleva de la mano a **Fray Luis de León** (1527-1591), erasmista de origen converso, perteneciente a la orden agustina, cima de la poesía española del siglo, si es que no de todas las épocas. Del mismo modo que Garcilaso ejemplificó al caballero galante de la primera parte del siglo, la vida de fray Luis de León es modelo de su tiempo y sus problemas. Natural de Belmonte (Cuenca),

Fray Luis de León, según el *Libro de descripción de verdaderos retratos de ilustres y memorables varones* de Francisco Pacheco. (Biblioteca Colombina, Sevilla). Este prosista y poeta español es, con Teresa de Jesís y Juan de la Cruz, uno de los mejores escritores de los tiempos de Felipe II. Tuvo dificultades con la Inquisición. Se le suele clasificar como el gran humanista católico del renacimiento español.

adoptó —Unamuno lo haría también— como propia la ciudad de Salamanca, en cuya universidad fue profesor de la Biblia, y cuya vida agitada y polémica vivió apasionadamente, siendo por ello víctima de las tensiones existentes entre dominicos y agustinos. Víctima, porque, consecuencia de esta rivalidad despiadada, terminó en las cárceles de la Inquisición de Valladolid, donde permaneció cinco años. Juzgado inocente, regresó a su cátedra, donde, nada más volver, pronunciaría su tantas veces repetido: «Decíamos ayer…».

Fray Luis escribió casi todas sus obras en latín y sobre temas diversos de las Sagradas Escrituras. Su obra en castellano, en comparación, es breve y, por si no pareciera bien a la dignidad de un teólogo, se justifica diciendo que son «como obrecillas que se me cayeron de las manos»; pero, paradójicamente, es a ellas a las que debe el puesto de excepcional relieve que ocupa en nuestra literatura. Su calidad literaria le señala, como decíamos, como uno de los máximos poetas de todos los tiempos. Una parte de los poemas luisianos son traducciones de fragmentos bíblicos —salmos, algunos capítulos del Libro de Job, el Cantar, Proverbios—; de poetas clásicos —Horacio, Virgilio, Píndaro, Tibulo—; y de algunas canciones o sonetos de Petrarca y Bembo. En general, fray Luis iguala y aun supera

Cátedra de Fray Luis de León en la Universidad de Salamanca, donde, según la tradición, pronunciaría la célebre frase: "Decíamos ayer...".

a sus modelos, adueñándose de su espíritu y de su estilo, e infundiéndoles su propio aliento poético.

Sus poesías originales no llegan a cuarenta. De estas, hay unas escritas por afecto y gratitud a ciertos amigos: cual es el caso de las odas a Portocarrero. Otras poseen inspiración religiosa (*En la Ascensión*) o patriótica (*La profecía del Tajo*). En un pequeño racimo de poemas geniales, expone su anhelo de calma y de paz, de visión beatífica (*A la vida retirada*, *A Salinas*, *Las Sirenas*, *Noche serena*, *A Felipe Ruiz* y *De la vida al cielo*). Por fin, hay otras en las que se percibe la huella de «la gran borrasca que sacudió el alma de fray Luis» con ocasión de su proceso (*Al licenciado Grial*, *En una esperanza que salió vana*, *En la fiesta de Todos los Santos*, *A Nuestra Señora*, etc.). En fray Luis, el clasicismo, es decir, la sobriedad, contención, mesura y economía de medios expresivos, alcanzan su cima. Es, por excelencia, el poeta de Castilla, austero, sencillo y profundo. Utiliza preferentemente la **lira**, estrofa introducida en España por Garcilaso en la *Canción a la flor de Gnido*. No es rica la lírica luisiana en adjetivos ni imágenes. Casi desnuda de adorno, alcanza su plena eficacia por la voz viril y sobria que en ella resuena.

Durante toda su vida, fray Luis de León consideró parte esencial de su obra sus tratados en prosa. El primero de ellos, *La perfecta casada* (1583), es un comentario al último capítulo de los Proverbios bíblicos, en el que expone un ideal de esposa cristiana. Le sigue *De los nombres de Cristo* (1583), extenso tratado compuesto en prisión, en el que desarrolla, en forma de coloquio entre tres amigos, una serie de comentarios —siguiendo los modelos grecolatinos e italianos— sobre las diversas designaciones dadas a Cristo en la Biblia. Es, sin duda, la obra en prosa más bella de fray Luis, la más equilibrada, serena y armoniosa de palabras. Tras su fallecimiento, vería la luz *La exposición del libro de Job*, traducción y comentario de dicho libro bíblico, en el que vuelca gran parte de la experiencia de sus sufrimientos durante los cinco años que pasó en prisión. Previamente, en 1560, había comentado y traducido el *Cantar de los Cantares*, en verso, a petición de una monja salmantina. Esto constituyó un grave cargo en su proceso, ya que el Concilio de Trento había prohibido terminantemente traducir los textos sagrados.

Las obras que en su tiempo dieron mayor fama a fray Luis fueron las latinas, sus comentarios bíblicos y teológicos. Hoy, sin embargo, el lugar excelso que ocupa en la literatura del mundo entero lo debe a sus obras en español, tanto en prosa como en verso. Fray Luis, como Erasmo, fue un humanista y un experto en la Biblia y, como él, reviste su vida de dignidad moral. Su obra en prosa y en verso, breve e intensa, se instala en la línea de sobriedad y elegancia que constituye el estilo de lo español en el siglo XVI.

El neoplatonismo católico de fray Luis de León hizo escuela entre los agustinos y franciscanos, aglutinando a personalidades muy distintas. En primer lugar, su hermano de religión **Pedro Malón de Chaide**, autor del bello libro en prosa, con poesías intercaladas, *La conversión de la Magdalena*; **fray**

Padro de Encinas, **Arias Montano**, el maestro **Sánchez Brocense**, y con menos fundamento, el jesuita **Francisco de Medrano** (1570-1607), noble y clásico poeta nacido en Sevilla y de una generación posterior, que modificó la lira de Garcilaso, como en su oda *Profecía del Tajo en la pérdida de España*. Y, por último, el agustino **Miguel de Guevara**, muerto en Méjico en 1640, a quien se atribuye el *Soneto a Cristo crucificado* —«No me mueve, mi Dios, para quererte»—, uno de los más famosos de la literatura castellana.

2.1. San Juan de la Cruz, mística y poesía pura

Juan de Yepes, canonizado con el nombre de San Juan de la Cruz, es el último de los grandes místicos; el más abstracto y metafísico en la doctrina; el de mayor entrega al mundo interior; el más intenso y puro en la expresión poética. Se ha dicho que es el más alto poeta entre los místicos y el más alto místico entre los poetas: suma y pináculo del misticismo universal.

Discípulo de santa Teresa y su más fiel colaborador en la reforma de la Orden carmelitana, San Juan de la Cruz, el tímido Juan de Yepes y Álvarez (1542-1591), del que la santa comenta que «aunque es chico, entiendo es grande en la presencia de Dios», impresiona por la extraordinaria altura de su lírica mística. Nacido, como Santa Teresa, en tierras de Ávila —en Fontiveros, concretamente—, profesa como carmelita y hace estudios de Humanidades y Patrística en Salamanca.

Nunca fue un intelectual como fray Luis de León, ni una persona de acción como Santa Teresa, sino un espíritu introvertido, amante de la soledad y la reflexión. Fue la santa, no obstante, quien le embarcó en la reforma del carmelo masculino, que tantas persecuciones y sinsabores, físicos y espirituales, hubo de traerle. Por fin, el santo, en la paz de Granada, escribió *Noche oscura* y *Llama de amor viva*, y daba fin a *Cántico espiritual*, los tres libros de amor divino que constituyen la más intensa y sublime expresión de poesía mística. Murió con 49 años de unas calenturas pestilentes en el convento de Úbeda.

Dos aspectos pueden estudiarse en la obra de San Juan de la Cruz: como poeta y como comentarista en prosa de sus propios versos. Estos comentarios doctrinales, poco accesibles a los profanos, constituyen un cuerpo de doctrina místico-cristiana de alto valor teológico por su profundidad y sutileza en el análisis.

Su lírica es una alta expresión del pensamiento en torno al amor divino y al simbolismo místico de la *Noche oscura*, alegoría de eternidad, de renuncia de lo sensible y de purificación. Su producción poética es aún más reducida que la de fray Luis, y puede leerse independientemente de las glosas, si bien estas son imprescindibles en el caso de que se quiera interpretar su oculto sentido. Se reduce a *Subida al Monte Carmelo*, *Cántico espiritual*, *Noche oscura del alma*, *Llama de amor viva*, y a algunas otras poesías de carácter religioso, en las que suele glosar temas populares, como *Aunque es de noche,*

San Juan de la Cruz es frente a Santa Teresa la sutileza y la profundidad. Arrastra y eleva hacia los sublimes montes del saber de Dios. Es nuestra ascensión espiritual a la cima del éxtasis.

la alegoría *Tras un amoroso lance, Un pastorcico solo está penando,* etc.

De todas estas obras destaca el *Cántico espiritual,* escrito en liras garcilasistas e inspirado en el *Cantar de los Cantares.* Es como una autobiografía espiritual, la historia de su alma. Consta de cuarenta canciones en las que se expresa la anhelante persecución que realiza el alma (la esposa) en pos de su Creador (el amado) hasta lograr la unión mística con él. En este poema, como tantas veces se ha apuntado, alcanza la lírica española su punto álgido de perfección.

La obra poética toda de San Juan de la Cruz exhala un profundo misterio. Parece como si en ella se hubieran dado cita todas las perfecciones.

No hay en nuestra literatura un lírico tan enardecido y, a la par, tan reflexivo. Y, sin embargo, los medios expresivos de que se vale son relativamente sencillos. Sobresale su renuncia a los adjetivos; en cambio, gradúa perfectamente el tempo poético mediante enumeraciones precipitadas o versos ampliamente desarrollados que suspenden y emocionan al lector. Utiliza sabiamente las aliteraciones, las similicadencias, las repeticiones y otros recursos sonoros, que infunden a estos versos una incomparable armonía. La temática única que desarrolla es el amor a Dios, sin otras consideraciones. Su poesía es un diálogo,

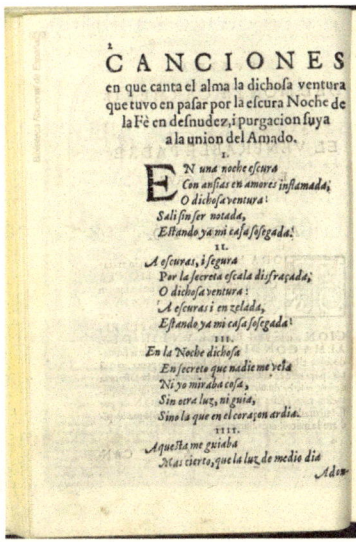

El *Cántico espiritual* es una de las obras poéticas más destacadas del poeta místico español Juan de Yepes, de todos conocido como San Juan de la Cruz.

incontaminado de algo humano, entre el poeta y la Divinidad. Las alegorías amorosas, los temas cultos o de tradición popular se funden en el crisol mágico de esta poesía, tornándose espíritu, pura esencia de fervor religioso. La impresión general es esa poesía «angélica y celestial» de que hablaría Menéndez Pelayo.

Noche serena

Cuando contemplo el cielo
de innumerables luces adornado,
y miro hacia el suelo
de noche rodeado,
en sueño y en olvido sepultado,

El amor y la pena
despiertan en mi pecho una ansia ardiente;
despiden larga vena
los ojos hechos fuente;
la lengua dice al fin con voz doliente:

Morada de grandeza,
templo de claridad y hermosura,
mi alma que a tu alteza
nació, ¿qué desventura
la tiene en esta cárcel baja, oscura?

Fray Luis de León

Cántico espiritual

Esposa: ¿Adónde te escondiste,
Amado, y me dejaste con gemido?
Como ciervo huiste,
habiéndome herido;
salí tras ti clamando, y eras ido.
Pastores los que fuerdes
allá por las majadas al otero,
si por ventura vierdes
aquel que yo más quiero,
decilde que adolezco, peno y muero.

San Juan de la Cruz

A Cristo crucificado

No me mueve, mi Dios, para quererte
el Cielo que me tienes prometido,
ni me mueve el Infierno tan temido
para dejar por eso de ofenderte.

Tú me mueves, Señor; muévete el verte
clavado en una cruz y escarnecido;
muéveme el ver tu cuerpo tan herido;
muévenme tus afrentas y tu muerte.
Muéveme, al fin, tu amor y en tal manera,
que aunque no hubiera Cielo, yo te amara,
y aunque no hubiera Infierno, te temiera.

No me tienes que dar porque te quiera,
pues aunque lo que espero no esperara,
lo mismo que te quiero te quisiera.

Miguel de Guevara (atribuido)

3. La prosa en la segunda mitad del siglo XVI

3.1. La novela

A lo largo del siglo, moralistas y graves autores arremeten con violencia contra los libros de caballerías y desaconsejan su lectura, tildándolos de incentivos para la sensualidad, de lectura propia de personas ociosas, de estar mal escritos y de ser contrarios a la verdad y a la auténtica historia. Lo cual no fue óbice para que su éxito alcanzara a todas las clases sociales, y hasta llegaran a influir en algunos escritores místicos, como Santa Teresa de Jesús y San Ignacio, quienes aprovecharon su espíritu heroico dándole una orientación religiosa.

3.2. La novela pastoril

Como contrapunto a los libros de caballerías, y ya en pleno auge del género novela a mediados del siglo XVI, nacería y se desarrollaría, hasta finales del primer cuarto del XVII, **la novela pastoril.**

El propio don Quijote, ya derrotado y de regreso a su aldea, sugerirá a Sancho la posibilidad de consagrarse a la vida pastoral. «Yo compraré algunas ovejas y todas las demás cosas que al pastoral ejercicio son necesarias —le dice a Sancho, recobrando su antiguo brío—, y, llamándome yo *el pastor Quijotiz*, y tú *el pastor Pancino*, andaremos por los montes, por las selvas y por los prados, cantando aquí, endechando allí, bebiendo de los líquidos cristalinos de las fuentes, o de los limpios arroyuelos, o de los caudalosos ríos. Dárannos con abundantísima mano de un dulcísimo fruto las encinas, asiento los troncos de los durísimos alcornoques, sombras los sauces, olor las rosas, alfombras de mil colores matizados los extensísimos prados, aliento el aire claro y puro, luz la luna y las estrellas, a pesar de la oscuridad de la noche; gusto el canto, alegría el lloro, Apolo versos, el amor conceptos, con que podremos hacernos eternos y famosos, no sólo en los presentes, sino en los venideros siglos» (II, 67). Imposible definir con más lujo de detalles la íntima idiosincrasia de esta nueva modalidad novelesca, heredera del bucolismo antiguo, centrada en la existencia y amores de los pastores, modelo utópico de una vida distinta, lejos de los artificios de la vida de corte, en un entorno campestre que evoca la Edad de Oro, a la vez paraíso perdido y porvenir dichoso de una sociedad construida sobre bases nuevas. Género idílico, italianizante, expresión del espíritu renacentista, y destinado, como no podía ser menos, a una élite impregnada del ideal neoplatónico amoroso, que aspira, aunque artificialmente, a una vida más auténtica, lejos de los ajetreos insulsos de su condición, en contacto con la naturaleza, en armonía plena con el orden del universo. No sería descabellado pensar que semejante exaltación de la vida natural entrañara en aquella época un rechazo deliberado de toda forma de pesimismo, ya fuera heredado del pensamiento medieval, ya fuera inspirado por el pensamiento calvinista, con su sombría visión de un mundo en el que el hombre se presiente elegido o condenado. Por lo demás, todos los elementos de la intriga —el continuo trasiego de parejas haciéndose y deshaciéndose, sufriendo cada cual al no poder comprender los sentimientos del otro, para acabar fundiéndose en una armonía real o definitiva— favorecían el juego de las apariencias, los disfraces, la inconstancia, rasgos inherentes a la estética barroca de la Contrarreforma.

Aunque el **idilio**, como posible antecedente de la novela pastoril, se remonta a Virgilio –sus *Bucólicas*– y a Teócrito, es revitalizado por Petrarca (*Carmen bucolicum*) y Boccaccio (*Ninfale fiesolano y Ameto*), y halla un claro precedente en *Dafnis y Cloe* de Longo, toda la crítica se muestra de acuerdo a la hora de señalar la *Arcadia* (1504), de **Jacopo Sannazaro** (1456-1530), como punto de partida de este subgénero novelesco, por más que el autor italiano, más que construir una novela, se limite a trazar una ficción en la que explota una serie de temas pastorales alternando el verso con la prosa. Sannazaro, retomando a Virgilio, transformaba la vieja Arcadia —provincia de Grecia de aspecto más bien salvaje y bastante árida— en un *locus amoenus* donde los pastores cultivan el canto a la vez que suspiran por el amor de inaccesibles pastoras, invariablemente virtuosas. Fue tal el éxito de este libro, que se han llegado a contar más de 70 ediciones del mismo a lo largo del siglo xvi, ejerciendo una influencia determinante por toda Europa.

Sería, no obstante, en la península ibérica donde la novela pastoril —como la de caballerías— hallara su configuración definitiva como modelo perfectamente estructurado, con sus convenciones, su paisaje intelectualizado y en concordancia con los sentimientos de los personajes, para subrayarlos o para suavizarlos. La primera manifestación evidente del modelo pastoril, bastante distinta, en la inspiración, de los modelos italianos, es el libro del portugués Bernadín Ribeiro, *Menina y moza* (*Menina e moça*), publicado en 1554. Pero habría de ser a otro portugués, castellanizado este, **Jorge de Montemayor** (1520-1562), maestro de capilla de la infanta María —primera esposa de Felipe II y madre del tristemente célebre príncipe Carlos—, al que cupiera la gloria de dar a la estampa, en 1559, la que es sin duda el prototipo de novela pastoril, como una construcción bastante más acabada que la *Arcadia* de Sannazaro. Se trata, cómo no, de la *Diana*, conjunto narrativo formado por siete libros que trazan las aventuras de varias parejas de pastores, en particular la de Sireno, que ama a la pastora Diana y por la que es correspondido, pero que, tras un año de ausencia, la reencuentra casada con el pastor Delio. Aunque la novela de Sannazaro era de sobra conocida para la época en que Montemayor escribió su *Diana* (la obra de Sannazaro aparecía traducida al castellano en Toledo, en 1547), no fue en el italiano en quien se inspiró este, sino en la citada *Menina y moza* de Ribeiro. Fuera o no así, lo esencial es el enorme éxito alcanzado por esta *Diana* de Montemayor, de la que, solo en España, se conocen una treintena de ediciones hasta 1624. Traducida al francés por primera vez en 1568 —traducción a la que seguirían otras seis antes de acabar el siglo—, contribuiría decisivamente a infiltrar el neoplatonismo en la literatura francesa, inspirando directamente a diversos autores. Montemayor había anunciado —como ocurrirá con Cervantes y su *Galatea*— una segunda parte que tampoco vio jamás la luz. Continuación de la *Diana* de Montemayor sería, sin embargo, la

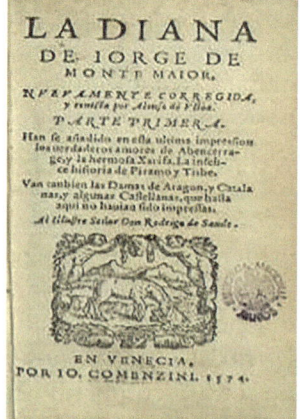

Los siete libros de la *Diana*, de Jorge Montemayor, constituyen la primera novela pastoril castellana y, por consiguiente, modelo de las muchas que después se escribieron, Su éxito fue inmenso, y muy pronto fue traducida al francés, inglés y alemán.

Diana enamorada de **Gaspar Gil Polo**, publicada en 1564, con lo que el género alcanzaría su punto álgido en España antes de entrar en franca decadencia a principios del siglo XVII. Fruto de esta boga serían la citada *Galatea* (1585) de **Cervantes** y la *Arcadia* (1598) de **Lope de Vega**.

La influencia de Montemayor, como ocurriera con Sannazaro, se haría notar un poco por toda Europa, dando lugar a una vastísima gama de novelas pastoriles de muy diversa textura, y alcanzando incluso al teatro, merced, sobre todo, a Tasso, con su *Aminta* —representada en 1573—, y a *Pastor Fido* (1590), de Guarini (1538-1612), obra esta última que establecía una perfecta síntesis entre el género pastoril y la estética «barroca». Ahora bien, fuera de las fronteras ibéricas, los logros más significativos del género pastoril hay que buscarlos en Francia e Inglaterra. En Francia, *La Astrea* (*L 'Astrée*) de Honoré d'Urfé (1567-1625), vastísima obra dividida en cinco partes, compuestas entre 1607 y 1627, y concluida por el propio secretario de d'Urfé, Balthazar Baro, será la gran novela del siglo XVII galo, novela de las novelas, como a menudo se ha dicho de ella, que abrirá las puertas a la gran tradición de la novela sentimental francesa, fuente de situaciones, personajes y temas amorosos, que nutrirá la vida de varias generaciones. En Inglaterra, la tradición pastoril serviría de fuente de inspiración a Shakespeare en su obra *Los dos caballeros de Verona* (*The two Gentlemen of Verona*), pero, sobre todo, a la que sin duda fue la novela pastoril más popular en lengua inglesa, *La Arcadia* (1580) de Sir Philip Sidney (1554-1586), publicada en 1590, ya fallecido el autor, por su propia hermana, la condesa de Pembroke, para quien aquel escribiera su obra. Sidney, a diferencia de d'Urfé, se inspiraba más bien en Sannazaro, mezclando otros elementos tomados de Heliodoro y de las novelas de caballerías.

Lo más moderno del género pastoril es lo que tiene de análisis psicológico. En esto se relaciona muy directamente con la novela sentimental. Novela sentimental, con influjo también de la novela de aventuras, es la historia de Felis y Felismena, una de las partes más interesantes en la obra de Montemayor. En cuanto al género sentimental mismo, evoluciona también en el sentido de dar mayor relieve a lo psicológico, como puede verse comparando el *Proceso de cartas de amores*, de Juan de Segura, novela casi enteramente epistolar contemporánea de la *Diana* (1548), con las obras de Diego de San Pedro y Juan de Flores.

3.3. La novela morisca

Durante la segunda mitad del siglo xvi, al lado de los libros de caballerías, que en esta época siguen manteniendo un gran éxito, surge una variante menos fantasiosa, de marcado sello español, y antecedente claro de lo que en el siglo xix, y a partir de Walter Scott, se conocerá como novela histórica. Nos referimos a la **novela morisca**, cuyo origen se sitúa en los viejos romances fronterizos del siglo xv; tipo de relato que marca la estilización de la historia con un espíritu caballeresco y sentimental, purgado de las extravagancias de los libros de caballerías, y más especialmente la idealización de los temas moriscos y orientales, en torno a la figura del musulmán galante y virtuoso, rodeado de un ambiente de fasto admirable y rico colorismo. La primera obra perteneciente a este subgénero de la que tenemos noticias es la *Historia del Abencerraje y de la hermosa Jarifa* (1565), de autor anónimo, que aparece intercalada en algunas ediciones de la *Diana* de Montemayor y en el *Inventario* de Antonio de Villegas. En esta breve novelita, el autor anónimo relata con encantadora sencillez, delicadeza y naturalidad una historia de armas y amores en la frontera granadina en tiempos del infante don Fernando de Antequera. El protagonista de la historia es un moro notable de Granada, Abindarráez, al cual, luego de ser apresado por Rodrigo Narváez, alcalde de Antequera, se le permite marchar para desposarse con su enamorada Jarifa bajo palabra de honor de volver. Finalmente, conmovido por el amor de ambos, Narváez los deja definitivamente en libertad.

Esta modalidad de novela adquirirá su máximo desarrollo en la primera parte de las *Guerras civiles de Granada* (1595), de **Ginés Pérez de Hita**, zapatero de Murcia, que asistió a la lucha de la Alpujarra contra los moriscos. Lleva esta parte como subtítulo *Historia de los bandos de Zegríes y Abencerrajes*, y presenta, en un cuadro animado por brillantes descripciones, las luchas, los amores y las costumbres de los árabes granadinos en los últimos tiempos de la dominación hasta que la ciudad capitula con la triste partida de Boabdil. El fondo histórico, inspirado en los romances moriscos —muchos de los cuales se reproducen en la novela— e idealizado con mesura, se tiñe con suaves tintes de nostalgia.

Manifestaciones posteriores de la novela morisca hallaremos más tarde, como la *Historia de los dos enamorados Ozmín y Daraja*, incluida —como hará Cervantes con el «Relato del cautivo», inserto en la primera parte del *Quijote*— en el *Guzmán de Alfarache* de Mateo Alemán. También en el teatro de Lope de Vega y sus discípulos encontraremos comedias inspiradas en *El Abencerraje* y en la obra de Pérez de Hita. Esta corriente exaltadora del exótico mundo oriental se prolongaría en España hasta la época romántica, inspirando a autores como Martínez de la Rosa, el duque de Rivas o Zorrilla, convirtiéndose, además, como decíamos, en una interesante aportación de la novelística española a la Europa del Romanticismo, donde hallaremos interesantes ecos en Chateaubriand, Víctor Hugo, y, sobre todo, en el norteamericano Washington Irving, autor del célebre libro *Cuentos de la Alhambra*.

3.4. La novela bizantina

También se impone a mediados del siglo XVI una modalidad de novela, conocida como **bizantina**, procedente de las traducciones al castellano de relatos griegos de la época helenística, cuyo modelo era la historia de *Teágenes y Cariclea* de Heliodoro, en el siglo III, y en la que, al igual que en su prototipo, una trama amorosa se complicaba con una serie de viajes, aventuras y peripecias que, por lo general, se resolvían con un final feliz para los protagonistas. Algunos de estos relatos alcanzaron tanto éxito en los ambientes cortesanos y populares que pronto se multiplicaron las imitaciones, determinando así el nacimiento y la nacionalización de este género en España. La *Historia de los amores de Clareo y Florisea*, de Núñez de Reinoso, y la *Selva de aventuras*, de Jerónimo de Contreras (ambas de mediados del siglo XVI), constituyeron el precedente inmediato de las dos grandes novelas del género escritas décadas más tarde por **Cervantes** (*Persiles*) y **Lope de Vega** (*El peregrino en su patria*).

3.5. La novela picaresca: El Lazarillo de Tormes

En medio de la moda de las novelas ampulosas y las narraciones heroicas surge un libro que va a cambiar por completo la historia de la novela. Pionera del género y arquetipo del mismo, *La vida del Lazarillo de Tormes y de su fortuna y adversidades*, cuyas primeras ediciones datan de 1554 y se imprimieron en Burgos, Amberes y Alcalá de Henares, inauguraba en nuestras letras un nuevo género, el de la **novela picaresca**, sin precedentes y, sin embargo, de fecundas consecuencias posteriores. Un año después aparecería una «segunda parte» en Amberes. *El Lazarillo*, como se le denominaría en adelante, va a marcar las características del género: la narración autobiográfica de un pícaro (antihéroe o héroe doméstico) que, sobre un fondo trágico de una vida desarraigada que se desarrolla en los estratos más bajos y marginales de la sociedad, relata con desfachatez y desenfado las peripecias de una vida amarga. Parece fuera de toda duda que las circunstancias sociopolíticas de la época no son suficientes para explicar el nacimiento de la picaresca, ya que parecidas condiciones de vida podían darse en otros lugares de Europa. Seguramente, propicia el nacimiento del género la confluencia del sentimiento ascético del pueblo español con el espíritu erasmista que impregnaba el pensamiento religioso de este siglo, factores a los que habría que añadir la rebeldía popular que se va gestando contra la gente acomodada y los valores que ella representa, en una sociedad injusta donde el cristianismo no tiene la operatividad que de él podría esperarse, y la tensión que vive la época y que caracteriza al pueblo español.

El libro, no obstante su gran éxito comercial inicial, en vista del clima enrarecido que empezó a generarse por aquel entonces, y dada la sátira anticlerical de la obra, no tardó en ser incluido en el *Índice de libros prohibidos* del inquisidor Valdés; de ahí que no volviera a publicarse hasta 1573, fecha en que apareció expurgado. En efecto, en esta última edición, preparada por Juan Gómez de Velasco, se suprimía el capítulo del buldero (V) y el del fraile de la Merced (IV), además de algunas frases en el del clérigo de Maqueda (II). Este mismo texto mutilado es el que se fue reimprimiendo en España durante casi tres siglos, concretamente hasta 1844, diez años después de quedar abolida la Inquisición. Con posterioridad a 1573, y hasta la aparición de la primera parte del *Guzmán de Alfarache* de **Mateo Alemán** en 1599 (novela esta en que se narran las «hazañas» de un sujeto sin escrúpulos, y autor y a veces víctima de numerosos engaños y fraudes, con lo que la picaresca se orientaba, como tendremos ocasión de ver, hacia la sátira social más despiadada frente a los fines más descriptivos y estéticos del *Lazarillo*, con un pícaro convertido en un verdadero bellaco), tan solo se registraron dos reediciones en España y tres en

Europa del *Lazarillo* (la francesa de 1560, la inglesa de 1568 y la flamenca de 1579). Sin embargo, el rotundo éxito del *Guzmán* relanzó de tal modo al *Lazarillo* que en solo cuatro años salieron a la luz nueve ediciones, es decir, más de las que se habían registrado en 45 años, y eso sin contar la italiana de 1609, la alemana de 1614 y las sucesivas traducciones al francés de 1601 y 1678.

Sobre quién pudo ser el autor del libro, desde principios del siglo XVII se barajaron los nombres de Diego Hurtado de Mendoza,

LA VIDA DE
LAZARILLO DE
Tormes, y de fus for-
tunas y aduer-
fidades.

EN ANVERS,
En cafa de Martin Nucio.
1554.
Con Preuilegio Imperial.

Misterioso en su aparición editorial y en la personalidad de su autor, el *Lazarillo* tiene mucho de panfleto subversivo disfrazado de humor y aun de ignorancia. Portada de la edición del *Lazarillo* impresa en Amberes en 1554. (Biblioteca Nacional, Madrid). Valverde, 449

fray Juan de Ortega o Juan de Valdés, sin ninguna base sólida al respecto. Por el momento, sin embargo, la cuestión no está resuelta ni es probable que se resuelva. De lo que no cabe duda es de que el autor, quien quiera que fuese, era un hombre culto, de formación humanística, quizás converso, y, desde luego, escritor muy personal que supo crear una obra originalísima —pese a todos los antecedentes que se le han señalado— y de extraordinario mérito literario.

La obra, en forma de autobiografía ficticia, simula una larga carta escrita por el protagonista en respuesta a la pregunta de un corresponsal anónimo a quien trata de «vuestra merced», que le pide que le cuente la verdad acerca de un asunto escabroso con el que el narrador parece estar relacionado. El enigma no se aclara hasta el mismo final, en vista

El Pícaro es una realidad sociológica producida por una distensión hacia la aristocracia de las armas o la evasión mística, junto a un grave menosprecio de los quehaceres artesanos. Al margen de los caminos, en las callejas y plazas, surge esta flor que sigue una senda distinta, escéptica y rencorosa ante un sociedad que le menosprecia, al modo de este chiquillo pintado por el sevillano Bartolomé Esteban Murillo.

de que Lázaro decide dar «entera noticia de su persona» y no ceñirse a la pregunta concreta. Solo en la última página satisface el narrador nuestra curiosidad explicando que el asunto en cuestión no era sino el rumor que corría por Toledo sobre el dudoso comportamiento de su mujer con el arcipreste de San Salvador y la dudosa reputación y honra de Lázaro. El libro, articulado en siete tratados, refiere de forma lineal la vida de Lázaro, narrada por sí mismo, desde su nacimiento en Tejares (Salamanca), en el seno de una familia de más

Portada de la primera parte de *Guzmán de Alfarache*, de Mateo Alemán, impresa en Madrid, en 1601, la novela picaresca que más éxito tuvo en su época. A diferencia del *Lazarillo*, ésta tiene un tono moralizante, que algún crítico ha encontrado relacionado con la oratoria religiosa posterior al Concilio de Trento.

que dudosa honestidad, hasta que obtiene el cargo de pregonero en Toledo. El protagonista, siempre en estilo llano y desenfadado, pasa revista a las peripecias de su amarga existencia con los siete amos a quienes sirvió (un ciego avaro y mezquino; un clérigo tacaño, tan pobre y hambriento como él, que no lo alimenta; un hidalgo celoso de su honor, pero holgazán y paupérrimo; un fraile de la Merced, un buldero farsante y desvergonzado vendedor de bulas falsas; y un alguacil). Al final, Lázaro consigue la protección del arcipreste de San Salvador, que le proporciona el empleo estable de pregonero, y le casa —no del todo desinteresadamente (al parecer)— con una criada; un matrimonio, en resumidas cuentas, poco honorable, pero que le permitirá dejar de ser víctima del hambre, su constante caballo de batalla.

Los episodios tienen muy desigual tratamiento, ya que, mientras los tres primeros y el quinto están perfectamente desarrollados, los tres restantes son tan escuetos que más bien parecen bocetos probablemente inacabados. También se detecta un hiato excesivamente marcado entre el final del tercer tratado (cuando Lázaro es todavía un niño) y su aparición como hombre en Toledo al término del libro. Por todo lo cual, son muchos los que han sugerido que la novela posiblemente esté incompleta, acaso por haber sido publicada con muchas prisas. Sin embargo, a pesar de tales rupturas y excesivas aceleraciones finales, lo que hubiera podido ser un relato fragmentado, resulta, por el contrario, una construcción sumamente coherente y elaborada. Por primera vez, y por más que, comparado con Guzmán de Alfarache, Lázaro solo sea un mero aprendiz de pícaro (especie de antihéroe que desprecia las leyes y es contrario a la sociedad y a sus formulismos), todos los grandes temas propios de la picaresca —el nacimiento indigno del héroe, la crítica del honor, el tema de la apariencia, la sátira social y eclesiástica— hacen su aparición. Hay incluso en el *Lazarillo* —aspecto que desgraciadamente se perderá después— una armonía y una proporción renacentistas que contrapesan las fuerzas internas de la novela en un magistral equilibrio entre lo lúdico y lo doctrinal, lo culto y lo popular, la amargura y el humor. Llama también poderosamente la atención en este libro su clasicismo, traducido en una densidad y una sobriedad que no solamente afectan al tono, sino también a la lengua, sencilla, llana, natural y espontánea; y, por encima de todo, su ironía y su humor constante y progresivo, que suavizan la amargura y ablandan la desazón del libro. En esta adecuación de fondo y forma, en esta eficacia de forma frente al asunto abordado, es donde radica el prodigioso acierto del autor, un hombre que conocía perfecta, magistralmente, el oficio de la prosa; hasta el punto de poder afirmarse que, con esta novela genuinamente española, nace la prosa narrativa que, pasando por el *Quijote*, habría de perdurar hasta nuestro siglo.

El Lazarillo, a pesar de la originalidad de su protagonista, enfrentado con la miseria y obligado a salir adelante a base de paciencia, y poniendo, de paso, en la picota los sacrosantos valores de la fe y el honor, contiene empero determinados valores tomados de la tradición literaria. Lázaro, ciertamente, se sitúa en la línea de los personajes de *La Celestina* o de *La lozana andaluza* de Francisco Delicado. Se puede incluso rastrear su huella mucho más lejos, remontándonos a *El Satiricón* de Petronio, *El asno de oro* de Apuleyo e incluso, a todo lo largo y ancho de la Edad Media europea, en obras tan conocidas como el *Decamerón*, *Le*

Roman de Renart o los *Cuentos de Canterbury* y los *fabliaux* franceses. Pero no cabe duda que la tradición más próxima al *Lazarillo* es la de *La Celestina*. Es más que probable que fuera allí donde el autor anónimo aprendiera el tratamiento del detalle pintoresco y la audacia a la hora de mostrar a unos personajes tan escasamente respetables.

De cualquier modo, y eso es lo esencial, el *Lazarillo* fraguaba lo que habría de ser el esquema básico de la novela picaresca.

La Lozana andaluza es una novela en forma de diálogo, publicada en Venecia en 1528. Su autor es probablemente el clérigo y editor español Francisco Delicado, huido de Roma un año antes debido al sentimiento antiespañol provocado por el saqueo de la ciudad por las tropas del Emperador Carlos V.

La forma narrativa adoptada, el verismo y la naturalidad con que el propio protagonista refiere su historia, el modo de situarse el narrador recomponiendo *a posteriori* el sentido del relato, su significación y orientación suponían una innovación determinante. De ahí que Alborg (*Historia de la literatura española*, vol. I, Madrid, Gredos, 1970), citando a Zamora Vicente, escriba: «Nada de lo que desborda en el *Lazarillo* —desde el principio hasta el fin— había existido hasta entonces en la novela de ninguna parte. Y no se trata tan solo de haber introducido un nuevo género literario —lo cual quizá no sería demasiado—, sino de haber creado una perspectiva nueva, de haber descubierto un continente nuevo dentro de la historia de la novela.

3.6. *Ascética y mística*

Dentro de las letras españolas de la segunda mitad del siglo XVI reviste un particular interés la literatura ascética y mística, cuyos cultivadores presentan como nota común el esfuerzo por el perfeccionamiento espiritual y el acercamiento a Dios. Para ello, estos escritores —pertenecientes a diversas órdenes religiosas— practican la *ascesis*, que implica la renuncia a las cosas terrenales y el dominio de las pasiones y los vicios a través de la oración y de la mortificación. En ocasiones, el ejercicio ascético continuado se ve recompensado con la entrada en la llamada *vía unitiva*, a la que tan solo tienen acceso los místicos y a cuyo término tiene lugar, por concesión divina, la unión íntima del alma con su Creador.

El problema fundamental con el que se enfrentan los escritores místicos consiste en explicar y describir con palabras este último momento de la unión con Dios. En su intento de comunicar y popularizar sus íntimas experiencias religiosas, el místico trata de expresarse en todo momento con claridad y sencillez. Sin embargo, al entrar en la descripción de ese instante supremo, abandona el lenguaje directo —insuficiente para la explicación de lo inexplicable— y se ve obligado a romper la sintaxis tradicional y a recurrir a la utilización de toda clase de símbolos, metáforas y paradojas que, pese a la ausencia en la generalidad de estos autores de fines propiamente estéticos o artísticos, proporcionan a sus obras un alto valor literario.

Los escritores ascéticos y místicos se suelen agrupar en tres períodos: un *período de iniciación*, cuyas figuras más representativas son el beato Juan de Ávila y fray Luis de Granada (predominio de la ascética); un segundo *período de plenitud*, personificado por Santa Teresa y San Juan de la Cruz (predominio de la mística); y, finalmente, un *período de decadencia*, en el que florecen místicos heterodoxos y una serie de autores que no hacen más que repetir y desfigurar a los autores de los períodos precedentes.

El beato **Juan de Ávila** (1500-1569) es autor de un conocido tratado *Audi, Filia, et vide,* y de un magnífico *Epistolario para todos los estados*, colección de cartas dirigidas, en tono sencillo, a diferentes personas que le piden consejo, adecuando el tono de la carta a la capacidad de cada cual. Fue un gran orador sagrado, conocido en su tiempo como «el Apóstol de Andalucía».

Mayor importancia tiene **fray Luis de Granada** (1504-1588), uno de los mayores oradores de su tiempo, y cuya obra destaca por lo vivo y original de su lenguaje y por el sugerente poder de sus metáforas; escritor con una extensísima obra de marcada intención didáctico-ascética. En ella destacan el *Libro de la oración y meditación*

(1554), de dudosa atribución, resumido más tarde en el *Compendio de doctrina cristiana* (1588), el *Memorial de la vida cristiana* (1566) y las *Adiciones* (1574); y, en especial, dos tratados: la *Guía de pecadores* (1556) y la *Introducción del símbolo de la fe* (1583). Los dos primeros son de carácter devoto: indican al cristiano el camino de su perfección y los peligros que le acechan. Su obra maestra es sin duda la *Introducción del símbolo de la fe* (1583), libro primoroso en el que su autor, con amor franciscano, describe las bellezas del mundo en páginas hermosísimas, elevándose por ellas al conocimiento de Dios y a las excelencias de la fe.

Su prosa, retórica, modélica, en períodos ciceronianos redondos, con el sabor del predicador que escribe como habla y convence con las ilustraciones realistas de un enamorado de la naturaleza, ha sido fuente de vida literaria hasta nuestros días (Azorín, Salinas, Laín Entralgo...).

El período de plenitud de la gran literatura ascético-mística española viene representado, como decíamos, por Santa Teresa de Jesús y San Juan de la Cruz. **Teresa de Cepeda y Ahumada** (descendiente de conversos) nació en Ávila en 1515. Muy joven, en 1534, profesó en la Orden del Carmelo de su ciudad. Hacia 1546, se sintió vivamente atraída por el fervor religioso, emprendiendo una intensa y muy fecunda actividad destinada a la reforma de su orden. Fue denunciada en diversas ocasiones a la Inquisición y perseguida por poderosos adversarios que se oponían a los austeros ideales reformistas de la religiosa. Murió en Alba de Tormes en 1582, no sin antes haber fundado más de una treintena de conventos de carmelitas descalzos y de haber dejado a la posteridad algunas de las más bellas y emotivas composiciones de la literatura mística.

Según refiere en el *Libro de su vida* —verdadera autobiografía espiritual, escrita entre 1562 y 1565, y publicada en 1588—, Teresa empezó a escribir por mandato de su confesor, el cual quiso que sus caminos de perfección y sus experiencias místicas pudieran ser conocidos e imitados. Por eso escribe sin pretensiones literarias en un lenguaje sencillo, muy próximo al lenguaje familiar de Castilla la Vieja en el siglo XVI. La llaneza de expresión contrasta con la profunda finura del análisis psicológico, que se anticipa con mucho a la introspección analítica de nuestros días. No existiendo entonces, y menos en lengua vulgar, vocabulario adecuado para designar los matices más sutiles de la conciencia y de la subsconciencia, santa Teresa se vale de comparaciones corrientes que expresan su pensamiento con precisión sorprendente. Junto al *Libro de su vida*, que ella subtitulaba *Libro de las misericordias de Dios*, también tienen sesgo autobiográfico *Camino de perfección* —donde expone los medios para lograrla— y su *Libro de las fundaciones* —escrito a partir de 1573 y publicado en 1610—, complemento de la *Vida*, en el que relata las peripecias que rodearon a su empresa reformista. Los tres constituyen un vivo retrato del espíritu y la actividad de la santa. El *Libro de su vida* explica mejor su recorrido interior: nos cuenta muchos de sus arrobos inefables y de sus visiones místicas.

Retrato anónimo de Santa Teresa de Jesús. La hondura mística de los escritos de la santa doctora abulense es perfectamente compatible con un estilo literario castizo y directo.

El *Libro de las fundaciones*, en cambio, nos habla más de su vida externa: las anécdotas y peripecias de su infatigable misión, contadas con un gracejo extraordinario.

Ahora bien, la obra que marca la cumbre de la mística teresiana lleva por título *El castillo interior* o *Las moradas* (escrito entre 1570 y 1577, y publicado en 1588); en ella expone sus experiencias espirituales con la ayuda de una sugestiva y esclarecedora alegoría. Ese castillo es el alma y allí hay siete moradas. En la primera todavía entran los sapos y culebras (pasiones) que la ensucian. En la segunda, ha de lucharse contra las asechanzas del enemigo. La tercera suele ser de prueba, de grandes trabajos interiores. Los favores del Señor comienzan en la cuarta; las pasiones ya no penetran, y si lo hacen, el alma queda más fortalecida al resistirlas. En la quinta aumentan las riquezas, los tesoros y los deleites. En la sexta, el alma queda ya herida del amor del esposo, por más que en ella queden aún trabajos interiores y exteriores (desconfianzas, envidias, enfermedades, etc.). El Señor muestra a la santa secretos y la autora expone las maneras de arrobamiento. En la última morada se realiza la unión del alma y Dios:

> [...] como si cayendo agua del cielo en un río o fuente adonde queda hecho todo agua, que no podrán ya dividir ni apartar cuál es el agua del río o la que cayó del cielo; o como si un arroyico pequeño entra en la mar, no habrá remedio de apartarse, o como, si en una pieza, estuviesen dos ventanas por donde entrase gran luz, aunque entra dividida se hace todo una luz.

Tal unión no significa, sin embargo, desintegración panteísta de la individualidad. La conservación de la personalidad individual, aun en el grado más alto de la unión mística, no solo diferencia a la mística católica de las orientales, sino que constituye una de las preocupaciones centrales y mejor logradas de los místicos españoles. La fuerte personalidad de Santa Teresa la llevó, como decíamos, a una incansable actividad, fundando conventos, reformando su orden, viajando infatigablemente. En sus *Cartas* (más de cuatrocientas) y en otros libros vemos cuán equivocada es la tendencia, muy generalizada, a imaginarla como espíritu totalmente contemplativo, entregado al éxtasis místico y por completo aislado de los menesteres diarios de la vida. La lectura atenta de sus escritos nos ofrece, por el contrario, un ejemplo singular de cómo la especulación y la acción pueden coordinarse.

4. EL TEATRO PRELOPISTA: LOPE DE RUEDA Y JUAN DE LA CUEVA

A medida que avanza la segunda mitad del siglo, la producción dramática aumenta; crece el número de autores y el de corrales o casas de comedias en varias ciudades. El teatro religioso, los autos, dejan de ser representados por sacerdotes, que son sustituidos por actores y compañías profesionales. Sabemos, por ejemplo, que en 1561 se encargó a la compañía de Lope de Rueda la producción de los autos de Toledo, lo que dará origen a un teatro ambulante. En forma y tema se ensayarán nuevas tendencias. Hay, junto al teatro bíblico y religioso, imitaciones de comedia italiana de tema novelesco, comedia pastoril, teatro pastoril. Cervantes, al recordar en el prólogo de sus *Entremeses* cómo Lope de Rueda, a quien él vio representar de chico, «fue el primero que en España sacó a las comedias de mantillas», describe en qué consistía una representación:

> Las comedias eran unos coloquios como églogas, entre dos o tres pastores y alguna pastora; aderezábanlas y dilatábanlas con dos o tres entremeses, ya de negra, ya de rufián, ya de bobo y ya de vizcaíno; que todas estas cuatro figuras y otras muchas hacía el tal Lope con la mayor excelencia y propiedad que pudiera imaginarse.

Como precursores de lo que será la «comedia nueva» de Lope de Vega, en este teatro nacional descuellan los escritores Lope de Rueda y Juan de la Cueva. Se considera al sevillano **Lope de Rueda** (1510-1565) uno de los jalones esenciales en la historia de nuestro teatro y uno de los más ilustres prelopistas. «Varón insigne en la representación y el entendimiento», lo define Cervantes. Fue actor y autor que, como Molière años más tarde, recorría el país con una compañía de cómicos para la que escribía sus obras. De él conservamos cuatro comedias en prosa, tres diálogos pastoriles, un auto y diez pasos, en los que el argumento no es más que un pretexto para la mímica y el diálogo, sobrio, pero jugoso y sumamente expresivo. Hoy, más que sus comedias —*Eufemia, Armelina, Engañados* y *Medora*—, nos interesan sus *pasos* —piezas breves, cómicas o satíricas, inspiradas libremente en la doble tradición antigua e italiana— que el autor intercalaba en sus comedias. De asunto muy sencillo y ajeno al hilo del relato —de modo que pudieran representarse y publicarse como obras sueltas—, los *pasos* presentan una serie de situaciones de un realismo ingenuo, sazonados con un diálogo chispeante y desenfadado, y rico en expresiones y giros, protagonizados por personajes populares constituidos en tipos —el soldado fanfarrón o *miles gloriosus*, el bobo, el rufián, el vizcaíno, a los que aludíamos—, y su talante es el del humor, la bufonada, el ingenio y el aire picaresco, todo lo cual recuerda a la *commedia dell´arte*. Han sido y son muy celebrados *Pagar y no pagar*, *El convidado*, *La tierra de Jauja*, *La carátula*, *Los criados*, *Cornudo y contento*, *La generosa paliza* y *Las aceitunas*, posiblemente su pieza más célebre, en la que una pareja de campesinos discute, imaginando el provecho que podrán sacar de los olivos que acaban de plantar. **Juan de Timoneda** (1520-1583), autor de cuentos y anécdotas graciosas, bajo el título de *El Patañuelo* (1865), imitador de Plauto, fue el primer editor de la obra de Lope de Rueda, no sin introducir desafortunadas correcciones y expurgaciones.

El más directo predecesor, no obstante, de Lope de Vega es otro sevillano, **Juan de la Cueva** (1543-1610), a caballo entre los temas de inspiración grecorromana (*Tragedia de Ayax y Telamón*, *Tragedia de la muerte de Virginia*) y otros más actuales; y ahí radica el verdadero mérito de De la Cueva, ya que, consciente del agotamiento de la comedia clásica, se adelantó a Lope en recurrir al Romancero y a las crónicas, abriendo de ese modo una veta extraordinariamente rica que permitió a Lope de Vega y a sus seguidores llevar a la escena asuntos y personajes vivos y próximos a los intereses del auditorio. De tema histórico nacional son *La tragedia de los siete infantes de Lara; La muerte del rey don Sancho* y la *Comedia de la libertad de España por Bernardo del Carpio*. En su extensa obra cabe asimismo subrayar la importancia de *La comedia del informador*, cuyo protagonista, Luciano, aunque más burlado que burlador, se puede considerar un precedente del tipo donjuanesco, y su lucha con los poderes sobrenaturales y la intervención de las divinidades (Némesis, diosa de la venganza) en el castigo del difamador no puede menos de recordarnos la parte del *Convidado de piedra* en la obra de Tirso de Molina.

Del mismo modo que, años más tarde, Lope de Vega, tal como veremos, expondrá su nuevo concepto del teatro en *El arte de hacer comedias*, Juan de la Cueva escribía su novedoso tratado *El ejemplar poético*, especie de arte poética en tercetos, a imitación de la horaciana; en él daba consejos a los autores dramáticos sobre el estilo en que deben componer sus obras teatrales, jactándose de haber reducido los actos de los dramas a cuatro, de haber mezclado lo trágico y lo cómico, y, naturalmente, de haber innovado la temática de nuestro teatro con los asuntos históricos nacionales.

Tal como vemos, el teatro posee en España, desde los primeros años del siglo, una gran densidad. Nacía y era reflejo a la vez de un fenómeno de vida literaria, quizás único en su tiempo: el interés enorme del público, traducido desde mediados del siglo en la multiplicación de corrales o casas de comedias, a las que acudía toda clase de gentes. La confluencia de la saturación de materia literaria con el gusto del pueblo prepara

Juan de la Cueva que, junto a Lope de Rueda, anuncia el gran teatro barroco español.

el ambiente en el que va a surgir el genio creador de Lope de Vega.

5. LA ARQUITECTURA DE LA SEGUNDA MITAD DEL SIGLO XVI

La segunda mitad del siglo XVI, que coincide aproximadamente con el reinado de Felipe II, ve desarrollarse en España un nuevo estilo de una notable personalidad y diferencia, respecto al de la primera mitad del siglo, coincidente con la corriente manierista europea.

A mediados del siglo XVI, sin perjuicio de que se sigan labrando fachadas con grutescos, el gusto comienza a fatigarse de tanta decoración, y algunos arquitectos optan por servirse de un nuevo estilo más sobrio, caracterizado por el predominio de los elementos constructivos, la ausencia decorativa, las líneas rectas y los volúmenes cúbicos. Dicha austeridad está íntimamente relacionada con la fuerte religiosidad que impregna la sociedad española de esa época, coincidente con los dictados del Concilio de Trento y el espíritu de la Contrarreforma. Esta religiosidad se va a llevar al terreno del arte.

La obra que mejor encarna esta feliz fase de la arquitectura española es sin duda el monasterio de San Lorenzo de El Escorial, concebido por Felipe II (1561) con el fin de conmemorar la batalla de San Quintín y obra que habría de reunir un palacio de extraordinaria sobriedad, un templo suntuosísimo, un monasterio y el panteón de la monarquía fundada por Carlos V. Felipe II encargó los planos y proyectos a **Juan Bautista de Toledo**, arquitecto español, formado en Italia junto a Miguel Ángel, que había realizado importantes obras en Nápoles, en especial de carácter urbanístico. El proyecto inicial de Juan Bautista consistía en una gran planta cuadrada con una torre en cada ángulo, dividida en tres zonas. Las obras se iniciaron en 1563, y, hasta su muerte, acaecida en 1567, Juan Bautista construyó una fachada lateral y el Patio de los Reyes, bajo la superposición clásica de órdenes y el arco inscrito en el dintel según el modelo romano; es un patio cuadrangular con un templete en el centro muy influenciado por San Pietro in Montorio de Bramante.

A la muerte de Juan Bautista de Toledo, Felipe II encomendó la dirección de la obra a su auxiliar, el montañés **Juan de Herrera**, a quien se debe la forma definitiva. Aunque se sirvió de ideas de otros arquitectos, especialmente en la iglesia, acertó a darle al enorme monumento personalidad y grandeza. Mantuvo el proyecto inicial de Juan Bautista, pero con algunas modificaciones, por ejemplo, elevando la altura de las fachadas, eliminando seis de las doce torres proyectadas y manteniendo las cuatro de los ángulos, dos de los patios interiores y dos de la fachada de la iglesia, las cuales fueron rematadas con chapiteles de pizarra al gusto flamenco que se había puesto de moda. La fachada principal es un inmenso muro de granito, sin adornos; termina con dos torres en los extremos, pero sin avanzar de paño del muro. Las

En las cercanías de Madrid el arquitecto Juan Bautista de Toledo levantó, por orden de Felipe II, el monasterio de San Lorenzo de El Escorial que era, al mismo tiempo, residencia real. Grandiosidad y simplicidad constituyen los elementos básicos de estilo arquitectónico llamado herreriano.

ventanas, talladas geométricamente, sin molduras ni cornisas, se suceden en líneas interminables.

Visto desde el exterior, El Escorial aparece como una construcción monótona y maciza. Sus muros presentan a intervalos regulares cuatro órdenes de ventanas, mientras que en los ángulos del cuerpo principal hay cuatro torres cuadradas, también provistas de ventanas y coronadas por coberturas piramidales, que parecen ser la única expresión decorativa de todo el edificio.

El Escorial, con su aspecto severo —en el que, al revés de lo que ocurría en los restantes palacios de la época, nada se concede al gusto italiano—, expresa la peculiar reacción española al espíritu del Renacimiento, que rompe cualquier vínculo, incluso con la tradición artística

A la muerte de Juan Bautista de Toledo, Felipe II encomendó
la dirección de la obra a su auxiliar Juan de Herrera,
arquitecto, matemático, geómetra y militar español, uno de
los máximos representantes de la arquitectura renacentista
española, quien se encargó de finalizar la obra, imprimiéndole
su estilo personal.

local, y se manifiesta en las obras siguientes de
Juan de Herrera con simetrías macizas y estáticas.
Esta ruptura con el espíritu del tiempo es hecho
digno de nota y revela una férrea voluntad, si se
piensa en el florecimiento que había alcanzado en
España, en la primera mitad del siglo XVI, el estilo
plateresco por la ornamentación superabundante y
florida que revestía, aun con motivos grotescos, las
fachadas de las casas e iglesias.

Si en el exterior El Escorial está tan desnudo,
en el interior hay cuadros de importantísimos
pintores: en la sacristía de la iglesia hay lienzos
del Greco, Ribera, Veronés, Tintoretto, Jordán y
Tiziano, y en las paredes de las salas capitulares
del monasterio hay obras de gran valor debidas,
entre otros, al Bosco, Velázquez, Rubens, Van der

Weyden y Valdés Leal, aparte de los maestros antes citados. Un crucifijo de mármol blanco, obra de Benvenuto Cellini, está en una capilla de la iglesia.

6. LA ESCULTURA EN LA ÉPOCA DE FELIPE II

Los primeros años del gobierno de Felipe II conocen el momento de máximo esplendor de la escultura renacentista española, especialmente castellana, merced a la labor de algunos artistas de primer orden. El más conocido, sin duda, es **Alonso Berruguete** (1490-1561), cuya obra se había iniciado en el período anterior y concluía en 1561, año de su muerte. Hijo del pintor Pedro Berruguete, completó sus estudios en Italia, donde conoció a Miguel Ángel y a Leonardo, siendo influido por ambos. Allí asistió al descubrimiento del grupo del *Laocoonte*, que copió. Se interesó, además, por los artistas del Quattrocento (especialmente por Donatello), y creó un estilo personal, nervioso, apasionado, fuertemente expresivo y a veces incorrecto, en el que se puede encontrar ya, y en fecha muy temprana, elementos manieristas, en su gusto por lo inestable, por lo descoyuntado y por un canon de proporciones extraordinariamente alargadas. Pintor, como su padre, en un principio, acabó dedicándose plenamente a la escultura. Aunque viajó bastante y trabajó en Aragón y en Granada, se estableció finalmente en Valladolid, donde creó un gran taller con muchos e importantes discípulos. Las formas estilizadas y nerviosas las dejó plasmadas en los numerosos retablos que labró, entre los que destacan el de Mejorada de Olmedo y el de San Benito de Valladolid, auténticas obras maestras que se pueden visitar en el Museo Nacional de Escultura de esta ciudad. Otros retablos capitales suyos son el de los Irlandeses de Salamanca, el de Santa Úrsula en Toledo, y el de Santiago en Cáceres. Pero donde el sentido dramático se expresa en forma más perfecta es en el grupo de *Abraham e Isaac* y en el *San Jerónimo*, cuyo arrebato místico alcanza cotas a las que solo sabrá elevarse años después el Greco. Cabe destacar asimismo su trabajo en la sillería del coro de la Catedral de Toledo, cuyos santos y profetas de los relieves, arrebatados por intensa vida interior, constituyen la galería de místicos más extraordinaria producida hasta ese momento por el arte español. Labrados en madera sin policromía alguna, puede apreciarse en ellos la finura de modelado de que el maestro era capaz. También labró Berruguete obras en mármol y alabastro; especialmente importante es el sepulcro del cardenal Tavera, en el hospital del mismo nombre en Toledo, su última obra, de impresionante sensación de muerte en la figura del difunto.

Otro insigne maestro de la época que abordamos es **Juan de Juni** (1507-1577). Nacido en Borgoña, y formado seguramente en Italia, desarrolló lo mejor de su arte en España. Fue un artista enamorado de lo grandioso y de lo gigantesco. De rostros anchos y hermosos, sus personajes son siempre corpulentos. No son de temperamento nervioso, como los de Berruguete, capaces de proyectarse hacia el mundo exterior en el primer arrebato en un rápido y fácil movimiento corporal. Por el contrario, se retuercen sobre sí mismos como prefiriendo consumir en su interior el fuego de su pasión. Labra grandiosos retablos llenos de magnificencia, entre los que destaca el de Santa María la Antigua (actualmente en la Catedral de Valladolid) y el de Medina de Rioseco. Grupos de figuras muy notables son los *Calvarios*, *Descendimientos* y, en especial, el *Santo Entierro de Cristo* (actualmente en el Museo de Valladolid), obra de un dramatismo solemne con figuras corpulentas de gestos patéticos y composición cerrada y monumental. Idéntica angustia inspira el *Santo Entierro*, de Segovia, donde los soldados de los intercolumnios nos ofrecen el tema de los cuerpos humanos pugnando por vencer la presión de las formas arquitectónicas, que repite en otras ocasiones. La escultura más popular de Juan de Juni es la *Virgen de los cuchillos*, de la Iglesia de las Angustias de Valladolid, en la que la expresión trágica, el sentido del movimiento típico de su autor —de pura estirpe miguelangelesca— y el ansia de grandiosidad se aúnan para crear una de las obras maestras de la escultura renacentista. En la misma línea de Juan de Juni, aunque siguiendo mucho más de cerca las enseñanzas de Miguel Ángel, se encuentra **Gaspar Becerra** (1520-1570), autor del enorme retablo de la Catedral de Astorga. También este escultor se vincula al foco de Valladolid del que salió otro importante escultor, **Juan de Ancheta**, que dejó sus mejores obras en el País vasco-navarro.

Al igual que ocurriera en la arquitectura, también El Escorial iba a representar un importante cambio en la escultura española. Deseoso de obtener efectos de solemnidad material en materiales importantes, Felipe II reunió a broncistas y escultores en mármol italianos, los **Leoni**, **León** y **Pompeyo**, padre e hijo, artistas de considerable calidad que no solo realizan escultura religiosa para el gran retablo mayor del monasterio, sino también retratos heroicos, medallas y alegorías, obras todas de carácter profano, un tanto inusitadas entre nuestros escultores de aquella época. León Leoni, el padre, hizo en Milán los retratos de la familia real y el gran bronce de Carlos V dominando al furor del Museo del Prado. El hijo, Pompeyo, realiza, instalando para ello un taller de fundición en Madrid, los grupos funerarios de *Carlos V* y

La Virgen de las Angustias, obra de Juan de Juni, en la Iglesia de las Angustias, de Valladolid. Obra de hacia 1570.

Felipe II, con sus familiares más allegados, conce-
bidos con solemnidad más española que italiana,
y destinados a los mausoleos del presbiterio de la
iglesia. Representados orantes en bronce dorado
con adornos de esmaltes, estas bellas y nobles
representaciones completan la solemne riqueza de
la basílica y ejercerán notable influencia posterior,
repitiéndose el modelo a escala más modesta, e
incluso de madera pintada imitando mármol, en
infinidad de sepulcros nobiliarios de Castilla.

7. La pintura en la época de Felipe II

No podemos abordar este período sin antes mencio-
nar a una de las más singulares figuras de nuestra
pintura renacentista, el extremeño **Luis de Morales**
(fallecido en 1586), conocido por el Divino por la
espiritualidad viva que retrata en sus lienzos, fruto
de su propio espíritu. Es el más genuino representante del Renacimiento español. Los historiadores
no suelen encuadrarlo en ninguna escuela, sino
que lo presentan como un solitario de personalidad enigmática, pero definida, como artista. Nace
y vive, salvo raros momentos, en Badajoz. Pinta
imágenes sin escena, dotándolas de una devoción
callada y reverente. Su estilo, muy personal, funde
un sentido casi flamenco del pormenor y el detalle, con un gusto por el *sfumato* leonardesco y un
perfecto conocimiento del manierismo castellano
y andaluz de Alonso Berruguete y de Pedro de
Campaña. En su pincel, por lo demás, la figura
humana se alarga y se espiritualiza, anunciando

Grupo escultórico en bronce dorado y policromado, que representa a Felipe II, Manuela de Portugal (su primera esposa y madre del príncipe Carlos, presente asimismo) Isabel de Borbón y Ana de Austria (1593) por Pompeo Leoni, Presbiterio de la iglesia de El Escorial.

al Greco. De sensibilidad piadosa y ascética, crea figuras femeninas (la *Virgen del sombrero* o la popular *Virgen de la Leche*, del Museo del Prado), pálidas como la cera, y Cristos dolientes, rodeados a veces de sayones cruelmente expresivos, cual es el caso del *Ecce Homo* de la Academia de San Fernando; y, en especial, sus interpretaciones de la Piedad, por lo general, de busto, aunque no faltan las de medio cuerpo.

De igual manera que en la arquitectura y la escultura, el gran foco de la pintura en la época que analizamos se centra en El Escorial. Felipe II buscó, dentro de Italia, fresquistas que pudieran realizar la magna tarea de decorar las bóvedas del templo o de la biblioteca, así como los muros de la Sala de Batallas o del claustro. Se ha repetido a menudo que no tuvo mucha suerte con los artistas que logró reclutar. Evidentemente, no llegaron a España maestros venecianos de la talla de Tintoretto, pero pese al desdén con que muchos críticos recuerdan estas obras (que por desgracia sufrieron graves daños con el tiempo), no hay duda de que constituyen un magnífico testimonio de cómo la «manera» de los grandes genios, con Miguel Ángel a la cabeza, deslumbró a los pintores menores. En algunos sitios, como en la biblioteca, la composición de los frescos evocando las artes liberales se relaciona obsesivamente con la bóveda de la Capilla Sixtina. Con muchas

La Virgen con el niño, de Luis de Morales (Museo del Prado). Algunos lo llaman el divino Morales (nacido en Badajoz y muerto en 1586). La ejecución impecable, digna de un flamenco, juntamente con la emocionada religiosidad y alargamiento de la figura –goticismo latente– y su frente toda luz, hacen recordar a los primitivos y para algunos es mística.

menos pretensiones, pero realizando una labor de gran calidad, actuaron en El Escorial pintores como **Navarrete el Mudo** (1526-1579). Educado en Italia, donde conoció directamente a Tiziano, comenzó a trabajar en El Escorial en 1568 y su obra representa un enorme avance en la dirección de progresivo realismo que había de culminar en el Barroco. Recoge inspiración en Tiziano y los

La adoración de los pastores (1575), obra maestra de Navarrete el Mudo. Escena de gran ternura, escenificada con un claroscuro violento muy del gusto de los venecianos. Monasterio de El Escorial.

Bassano, especialmente en su técnica suelta y en el gusto por los efectos nocturnos (*Adoración de los Pastores,* El Escorial) y también con ciertos ecos del dramatismo tintoretesco (*Degollación de Santiago,* asimismo en El Escorial).

Muerto Navarrete, no había en la Corte ningún pintor español de calidad, y eso determinó la venida de una serie de artistas italianos, famosos en su tiempo, pero de segundo orden, que significaron sin embargo, como había sucedido con la arquitectura, la puesta al día de los estilos españoles respecto a los italianos y europeos contemporáneos, y un importante paso hacia la formación del estilo nuevo, más realista, sereno y narrativo, que la Contrarreforma requería y que desembocará en el Barroco. **Luca Cambiasso, Peregrino Tibaldi** y **Federico Zuccaro** son los más notables de ese grupo de artistas. Cambiasso es notable por su sobriedad en la composición y por su interés en la iluminación nocturna que le convierte en precedente del tenebrismo. Tibaldi, de formación miguelangelesca, autor de los frescos del claustro y de la bóveda de la biblioteca, de complicada significación alegórica, ejerció menos influencia. Por su parte, Zuccaro, gran dibujante y artista de tono **severo** y religiosa gravedad, dejó en España discípulos llamados a jugar un papel importante en los primeros años del XVII. Ya a finales de siglo, aparece en El Escorial un pintor toledano, formado también en Italia, **Luis de Carvajal**, que une la influencia de Zuccaro con la de los venecianos, y realiza algunas pinturas de santos que presentan atisbos de lo que iba a ser el naturalismo de la época barroca.

Paralelamente a los pintores de El Escorial, que cultivan al fresco y al óleo la pintura religiosa, en la Corte de Madrid irrumpe un círculo de artistas dedicados casi exclusivamente al retrato, de gran interés y calidad, que llevan a su punto álgido el objetivismo minucioso de los flamencos, fundiéndolo a veces con la riqueza veneciana y dando a sus retratos de la Corte y la nobleza un tono de frío distanciamiento y de severa altivez que es típico de todo el retrato europeo aristocrático de la época del manierismo. El círculo lo encabeza el valenciano **Alonso Sánchez Coello** (1531-1588); fue discípulo del flamenco Antonio Moro, del que tomó la precisión rigurosa en los detalles del vestido y las joyas, así como su asombrosa penetración psicológica; pero a su vez, por influencia de Tiziano, conseguía una mayor ligereza de técnica y un sentido muy vivo y táctil de las cualidades. Retrató a Felipe II, a sus hijos y esposas, y a buena parte de la nobleza castellana, cultivando también la pintura religiosa. A *Isabel Clara Eugenia*, la hija preferida de Felipe II, por ejemplo, la presenta como una muchachita fina, elegante, con rico traje cuajado de pormenores, descansando su mano en un sillón. En el retrato de *Don Carlos*, del Museo del Prado, bien porque no se hubieran manifestado lo suficiente o por falta de sinceridad en el pintor, no se advierte rasgo alguno del desequilibrio mental ni de esa mirada llena de descontento, languidez y suspicacia de que nos hablan los contemporáneos.

El pintor español de origen portugués, Alonso Sánchez Coello
(1531-1588), retrató de esta manera a Isabel Clara Eugenia,
hija habida en el matrimonio de Felipe II con Isabel de Valois.
Fue la hija predilecta del monarca. Casó con Alberto de
Austria y fue gobernadora de Flandes.

Discípulo y continuador de Sánchez Coello fue
Juan Pantoja de la Cruz (1553-1608), que heredó
su técnica, endureciéndola un tanto y extremando
los efectos decorativos en las enormes gorgueras de
encaje que lucen sus modelos, moda ya del reinado
de Felipe III. De su prolífica obra cabe destacar el
retrato de *Felipe II viejo*, que se puede admirar en El
Escorial. Muy típico de su estilo es el de la *Duquesa
de Béjar*, o el que le hizo, a finales de siglo, a *Isabel
Clara Eugenia*, que se encuentra en la Pinacoteca
de Munich.

Ahora bien, por encima de todas las escuelas,
focos artísticos y maestros del siglo XVI destaca la

Retrato de Carlos de Austria (1545-1568), fue príncipe de
Asturias. Hijo primogénito de Felipe II y su primera esposa,
la infanta María Manuela de Portugal. Su mala salud –debido
en parte a la nefasta costumbre de la realeza de la época de
contraer matrimonio entre parientes–, la mala relación con su
padre y finalmente su confinamiento y muerte dieron lugar a
mil especulaciones. Su vida inspiró numerosas obras literarias
y musicales posteriores.

excepcional figura del **Greco** (1541-1614). Sin
haber nacido en España, es el primer genio que,
a nivel universal, irrumpe en el panorama de la
pintura española. Descendiente de una familia, al
parecer, bizantina, **Doménikos Theotokópoulos**
nacía en Creta, en 1541, donde inició su formación
en contacto con los hieráticos iconos de la tradición
bizantina, cuya impronta se dejará sentir después en
muchas de sus obras. En 1565 consta que estaba en
la isla, mas pudo haber sido tras un primer contacto
con Venecia. En esta ciudad (y en un momento en que
todavía vivían y trabajaban grandes maestros como

Tiziano, Tintoretto y los Bassano) debió ampliarse prodigiosamente su horizonte artístico; en Venecia tendría lugar el trascendental «descubrimiento» del color, pero le faltarían oportunidades para darse a conocer. En 1570 se trasladó a Roma, provisto de una carta de recomendación con el ruego de que se le alojase en el palacio Farnesio. Cuando llegó a la Ciudad Eterna, hacía solo seis años que había muerto Miguel Ángel y todavía los artistas romanos se sentían dominados por la arrebatadora personalidad del gran maestro; sin embargo, curiosamente, el Greco en ningún momento se sometió al culto, casi supersticioso, que se le tributaba. Una anécdota conocida refleja su reacción contra el ambiente: cuando se le preguntó cómo hubiera remediado el exceso de desnudos que había en la Capilla Sixtina, replicó sin vacilar que «si se echara por tierra toda la obra, él podría hacerla con honestidad y decencia y no inferior... en buena ejecución pictórica». Esta inmodesta declaración provocó, según Mancini, tan gran indignación que al final tuvo que abandonar Italia, dirigiéndose a España. Debió de haber otros motivos para el viaje, como el deseo de trabajar en El Escorial. Mas no hay duda de que en Roma, aunque llegó a tener taller propio y un discípulo, el Greco se sintió inadaptado.

Su venida a España debió de estar determinada por la fama de El Escorial y su deseo de trabajar allí. Los responsables directos de que el Greco se decidiera a salir de Roma fueron don Pedro Chacón, canónigo de la Catedral de Toledo, y don Luis de Castilla, con quienes intimó en los últimos

meses de su etapa romana. De hecho, fueron los
dos encargos que le hizo don Diego de Castilla,
padre de don Luis, lo que le animó a establecerse
en Toledo. El primero de ellos, el retablo mayor
de Santo Domingo el Antiguo, para el que pintó
el gran lienzo de la *Trinidad*, que hoy podemos
admirar en el Museo del Prado, en el que se sigue
evidenciando su admiración por Miguel Ángel.
La metamorfosis española del artista cretense,
sin embargo, se intensifica, y de qué modo, en el
segundo, destinado a la sacristía de la Catedral de
Toledo; a tal fin, el Greco pintó *El Expolio*, una
obra monumental en la que el cretense ya muestra
la mayoría de las características que en adelante van
a singularizar su pintura. En este impresionante
lienzo se representa el momento en que Cristo es
despojado de sus vestiduras al pie mismo de la cruz;
el escenario casi desaparece por completo, y, salvo
la espléndida túnica carmín de Jesús y el acero de
la armadura del capitán, se reduce a una galería de
cabezas rebosantes de expresión, en la que al odio
del coro se oponen la bondad y el amor infinito del
salvador. Los canónigos de la catedral quedaron
admirados con el cuadro, pero en seguida surgie-
ron diferencias sobre el pago de los honorarios del
pintor, algo que sería una constante de la actividad
del Greco en España. El asunto se fue enzarzando
hasta acabar en los tribunales. Doménikos cobró
una parte, no todo, pero sus relaciones con el
cabildo quedaron interrumpidas nada más haberse
iniciado. En adelante, la catedral no hizo ni un
solo encargo más al pintor, que vio así cerradas

El Expolio. Cristo despojado de sus vestiduras, fechado entre 1577 y 1579. Es la primera obra pintada por el Greco en Toledo. Sorprende en la obra la extraordinaria expresividad del artista.

ante él las puertas de uno de los principales mecenazgos de la ciudad y de todo el reino.

Ahora bien, conviene aquí recordar que el verdadero interés que había movido a Doménikos a venir a España fue, sin duda, entrar a formar parte del plantel de artistas elegidos por Felipe II para decorar El Escorial. Los responsables de aquella colosal obra solicitaban a los distintos artistas interesados una obra que luego sometían a la directa consideración del rey para decidir si continuaban o no los encargos. Doménikos realizó para aquel «examen» su *Martirio de San Mauricio y la legión romana,* con destino a una de las capillas de la iglesia del monasterio. El cuadro, asombroso, estaba repleto de simbolismos y planteado como una original composición en varios planos diferentes que, además de dar profundidad al conjunto, establecían la ilación de la historia que pretendía representar. Las figuras del soldado Mauricio y de sus compañeros, así como la de los ángeles que en la parte superior del cuadro anuncian la gloria, tienen la delicadeza de gestos, el aire de ensoñación que será uno de los rasgos habituales en la obra española del Greco. Sorprende que tan bello lienzo no agradara a Felipe II, porque, pese a ciertos amaneramientos, contenía notas de profunda religiosidad. Sea como fuere, lo cierto es que, aunque le fue pagado espléndidamente, no llegó a colocarse en los altares y quedó arrumbado junto a otros cientos en las galerías del gigantesco monasterio.

Frustradas sus esperanzas cortesanas, lejos de amilanarse, el Greco, subyugado por la magia de la ciudad, se afincó definitivamente en Toledo, y allí empezaron a lloverle los encargos, si no de la catedral, sí de los muchos templos de la ciudad y de los nobles que habían preferido no seguir a la Corte. A su éxito contribuiría sin duda su exaltación cada vez más aguda desde que se establece en la ciudad del Tajo. La seducción que Toledo ejerció sobre su pincel solo es comparable a la que ejercería Soria,

Entierro del Conde de Orgaz, obra maestra del Greco, pintado en 1586-1588 para la iglesia de Santo Tomé (Toledo).

ya en nuestra época, sobre la pluma de Machado. De un modo o de otro, la ciudad siempre estará presente en su pintura.

En 1586, por encargo del párroco de Santo Tomé, de Toledo, el Greco pintó la que sería su obra cumbre: *El entierro del conde de Orgaz*, don Gonzalo Ruiz, el piadoso caballero del siglo XIV que, por haber favorecido a los agustinos de San Esteban, merece tanto de San Agustín como del santo diácono que acudan personalmente el día de su muerte a depositarlo en la tumba, mientras los caballeros toledanos contemplan el prodigio. Renunciando de nuevo a los amplios escenarios venecianos, y desentendiéndose del fondo, desarrolla la historia en primer plano, imaginando una larga fila de personajes, en su gran mayoría reconocibles, que no dejan ante sí más que el espacio indispensable. Vestidos todos ellos de negro, forman una superficie muerta coronada por un friso luminoso de rostros rebosantes de vida interior, enmarcados por blancas lechuguillas, que comentan en voz baja el prodigio y dirigen la mirada al cielo. Sobre ese fondo negro, hace el Greco converger nuestra mirada en las ricas vestiduras de los dos santos y en la armadura del conde, de un negro pavonado que brilla a la luz de las antorchas y hace resaltar la blancura de la cara del difunto; y, sobre todo, el roquete del sacerdote que está a la derecha de la composición, de una transparencia increíble. En la mitad superior del lienzo, en un fondo de gloria, destacan el Todopoderoso con la Virgen y el Bautista recibiendo el alma del conde de Orgaz, que, en forma de niño, es llevada por un ángel, todo ello según la tradición medieval. Los asistentes al entierro son en su mayoría, como apuntábamos, retratos de personas conocidas del Toledo de fin de siglo. El niño en primer término es el hijo del propio pintor, Jorge Manuel. La parte superior del *Entierro* ha suscitado numerosas interpretaciones y valoraciones. En la época en que se pintó, quienes veían el cuadro la consideraban de

La sociedad española de la época ha quedado unas veces retratada por los grandes pintores y otras veces reflejada en los cuadros de costumbres. *El caballero de la mano en el pecho* de El Greco es el prototipo del noble castellano.

mucha menor calidad que la mitad inferior. Sin embargo, como el tiempo ha demostrado, la representación que allí se hace de la gloria celestial es, sin duda, una de las más originales y singulares de la iconografía universal. El cielo se abre franqueado por María y por san Juan Bautista hacia Cristo. Y a través de una embocadura estrecha, un ángel introduce el alma del conde, representada aquí como una borrosa figura casi en postura fetal.

Hacia final de siglo crea el Greco varias composiciones más, como la *Resurrección*, el *Calvario* y el *Bautismo*, del Museo del Prado, donde

Casa del Greco (Toledo). Esta casa restaurada e instalada en gran parte por el marqués de la Vega-Inclán, reconstruye una vivienda toledana de finales del siglo XVI.

los originales rasgos de su estilo se acusan cada vez más. La ascensión del cuerpo ingrávido del Salvador de la *Resurrección* por simple virtud de su espíritu, sin fuerza muscular alguna, es el mejor testimonio de la radical metamorfosis que su misticismo ha hecho sufrir a los gigantes del *Juicio final* de la Capilla Sixtina. El Greco es, asimismo, pintor de retratos de primera calidad, como lo demuestra el de *Caballero de la mano en el pecho*, del Museo del Prado, y el del supuesto *Jorge Manuel*, del Museo de Sevilla.

Para cuando muere el Greco en 1614, Renacimiento y manierismo habían dejado de obsesionar la memoria y el imaginario de los pintores españoles. Liberados de la tutela de los italianos, hallan su camino en el realismo, tan consustancial al espíritu hispano, a través de las experiencias en las que la luz y la materia desempeñarán, como veremos, un papel esencial. Toda la Europa occidental, por lo demás, madura al mismo tiempo idénticos o parecidos proyectos. Caravaggio, más talentoso que todos sus colegas contemporáneos, dará vida a esas búsquedas y renovará, en una explosión llena de seducción, los modelos italianos. España no opondrá resistencia alguna a los encantos y la magia italiana; para entonces, el terreno estaba plenamente abonado, y no tenía lección alguna que recibir, sino simplemente una moda que adoptar. El Renacimiento italiano no fue para España más que el comienzo de una toma de conciencia que, a la larga, habría de dar al arte su unidad.